EU-Datenschutz-Grundverordnung (DSGVO)

Jetzt diesen Titel zusätzlich als E-Book downloaden und 70 % sparen!

Als Käufer dieses Buchtitels haben Sie Anspruch auf ein besonderes Kombi-Angebot: Sie können den Titel zusätzlich zum Ihnen vorliegenden gedruckten Exemplar für nur 30 % des Normalpreises als E-Book beziehen.

Der BESONDERE VORTEIL: Im E-Book recherchieren Sie in Sekundenschnelle die gewünschten Themen und Textpassagen. Denn die E-Book-Variante ist mit einer komfortablen Volltextsuche ausgestattet!

Deshalb: Zögern Sie nicht. Laden Sie sich am besten gleich Ihre persönliche E-Book-Ausgabe dieses Titels herunter.

In 3 einfachen Schritten zum E-Book:

❶ Rufen Sie die Website **www.beuth.de/e-book** auf.

❷ Geben Sie hier Ihren persönlichen, nur einmal verwendbaren E-Book-Code ein:

284915KC8996119

❸ Klicken Sie das „Download-Feld" an und gehen dann weiter zum Warenkorb. Führen Sie den normalen Bestellprozess aus.

Hinweis: Der E-Book-Code wurde individuell für Sie als Erwerber dieses Buches erzeugt und darf nicht an Dritte weitergegeben werden. Mit Zurückziehung dieses Buches wird auch der damit verbundene E-Book-Code für den Download ungültig.

EU-Datenschutz-Grundverordnung (DSGVO)
Praxiswissen für die Umsetzung im Unternehmen – Schnellübersichten

Dr. Holger Mühlbauer

Beuth Pocket

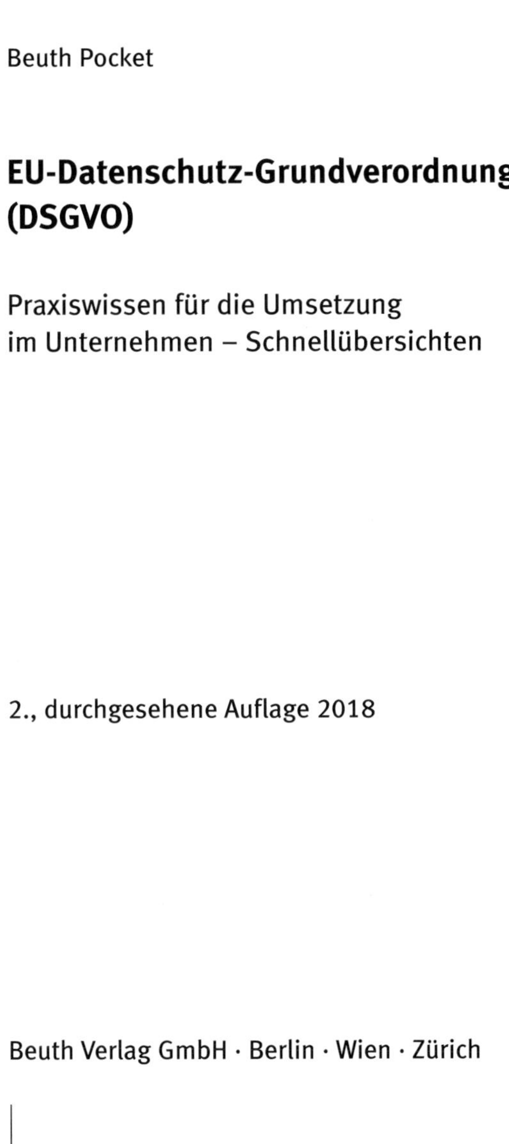

EU-Datenschutz-Grundverordnung (DSGVO)

Praxiswissen für die Umsetzung
im Unternehmen – Schnellübersichten

2., durchgesehene Auflage 2018

Beuth Verlag GmbH · Berlin · Wien · Zürich

© 2018 Beuth Verlag GmbH
Berlin · Wien · Zürich
Am DIN-Platz
Burggrafenstraße 6
10787 Berlin

Telefon: +49 30 2601-0
Telefax: +49 30 2601-1260
Internet: www.beuth.de
E-Mail: kundenservice@beuth.de

Titelbild: © Khakimullin Aleksandr, Benutzung unter Lizenz von shutterstock.com
Satz: Sabine Wasser, Berlin
Druck: Medienhaus Plump GmbH, Rheinbreitbach
Gedruckt auf säurefreiem, alterungsbeständigem Papier nach DIN EN ISO 9706.

ISBN 978-3-410-28491-8
ISBN (E-Book) 978-3-410-28492-5

Inhaltsverzeichnis

1 Einleitung ... 1

2 Die wichtigsten Inhalte der DSGVO auf einen Blick ... 3

3 Rechtlicher Rahmen in Deutschland und Österreich ... 4
3.1 Deutschland ... 4
3.2 Österreich ... 5

4 Schnellübersicht nach Schlagworten ... 6
4.1 Anwendungsbereich ... 6
4.2 Begriffsbestimmungen ... 8
4.3 Haftung und Bußgelder ... 14
4.4 Risikomanagement ... 15
4.5 Betroffenenrechte ... 15
4.6 Datenschutzerklärung und Dokumentation ... 18
4.7 Rechenschaftspflicht ... 22
4.8 Datenschutzbeauftragter ... 23
4.9 Datenschutz durch Technik und datenschutzfreundliche Voreinstellungen ... 24
4.10 Melde- und Benachrichtigungspflichten bei Datenschutzverletzungen ... 24
4.11 Rolle der Aufsichtsbehörden ... 25
4.12 Datenschutz-Folgenabschätzung ... 25
4.13 Datenschutzmanagementsystem ... 26
4.14 Besondere Anwendungssituationen ... 27
4.14.1 Datenschutz bei Markt-, Meinungs- und Sozialforschung ... 27
4.14.2 Datenverarbeitung von Kindern und Jugendlichen ... 29
4.14.3 Webseiten ... 29
4.14.4 Videoüberwachung ... 30

5 Praktische Umsetzung der DSGVO ... 31
5.1 Darauf kommt es an ... 31
5.2 Analyse des Ist-Zustandes und Ermittlung des Anpassungsbedarfs ... 31
5.3 Verarbeitung personenbezogener Daten ... 33
5.3.1 Zulässigkeitsvoraussetzungen ... 33
5.3.2 Zweckbindung ... 34
5.3.3 Verarbeitung von „sensiblen Daten“ ... 35
5.3.4 Verarbeitung personenbezogener Daten über strafrechtliche Verurteilungen und Straftaten ... 36
5.3.5 Profiling ... 36

5.3.6 Auftragsdatenverarbeitung 36
5.3.7 Webseiten und Webshops 40
5.3.8 Zusammenfassung der notwendigen Maßnahmen 46
5.3.9 Betroffenenrechte und Informationspflichten 46

6 Dokumentation und Verarbeitungsverzeichnis 62

7 Technisch-organisatorische Datensicherheitsmaßnahmen 64

8 Meldungen bei Datenschutzvorkommnissen 66

9 Datenschutz-Folgenabschätzung 69
9.1 Voraussetzungen und Inhalte 69
9.2 Prüfschritte 71
9.3 Risikoanalyse 75
9.4 Maßnahmenplan 75

10 Datenschutzbeauftragter 77

11 Datenverkehr mit dem EU-Ausland und mit Drittländern 80
11.1 Voraussetzungen 80
11.2 Ausnahmen für bestimmte Fälle 82

12 Rechtsbehelfe 83

13 Sanktionen 85

14 Schnellübersichten 87
Schnellübersicht „DSGVO – Darauf kommt es an“ 87
Schnellübersicht „Analyse des Ist-Zustandes und Ermittlung des Anpassungsbedarfs“ 88
Schnellübersicht „Checkliste für technisch-organisatorische Maßnahmen“ 90
Schnellübersicht „Ermittlung des ‚Standes der Technik‘“ 91
Schnellübersicht „Datenschutzerklärung“ 92
Schnellübersicht „Betroffenenrechte“ 94
Schnellübersicht „Verarbeitungsverzeichnis“ 95
Schnellübersicht „Newsletter-Versand“ 97
Schnellübersicht: DSGVO auf Englisch kurz erklärt 99

15 Quellen- und Literaturhinweise 102

1 Einleitung

Mit der EU-DSGVO werden die Regeln für die Verarbeitung personenbezogener Daten, die Rechte der Betroffenen und die Pflichten der Verantwortlichen EU-weit vereinheitlicht. Datenverarbeitungsanwendungen müssen an die neue Rechtslage angepasst werden. Jedes Unternehmen, das personenbezogene Daten verarbeitet, ist grundsätzlich betroffen.

Die EU-DSGVO legt deutlich strengere Regeln für den Umgang mit personenbezogenen Daten fest. Grundsätzlich gilt: Personenbezogene Daten dürfen nur für „festgelegte, eindeutige und legitime Zwecke erhoben werden" und müssen „auf das für die Zwecke der Verarbeitung notwendige Maß beschränkt" sein. Organisationen, die personenbezogene Daten von EU-Bürgern erheben, müssen ihre DV-Systeme analysieren und transparente Regeln für die Erfassung, Speicherung, Löschung und Dokumentation personenbezogener Daten aufstellen. Wer neue IT-Systeme implementiert, sollte Technologien nutzen, die den Schutz personenbezogener Daten in den Vordergrund stellen.

Mit dem Inkrafttreten der DSGVO müssen Unternehmen personenbezogene Daten nicht nur berichtigen, sperren oder löschen, sondern künftig auch vervollständigen, damit Betroffenen durch unvollständige oder veraltete Daten kein Nachteil entsteht. Des Weiteren müssen Unternehmen bei Datenlöschung alle Empfänger benachrichtigen, bei denen diese Daten gespeichert wurden. Betroffene haben zukünftig das Recht zu erfahren, welche Informationen zu welchem Zweck verarbeitet werden und nach welchen Maßgaben. Das neue „Recht auf Datenportabilität" besagt darüber hinaus, dass alle Daten, die bei einem Dienstleister zu einer Person gespeichert wurden, in einer standardisierten Form strukturiert, maschinenlesbar und interoperabel, jedenfalls in einem allgemein verbreiteten Format, auf Antrag an diese Personen herausgegeben werden müssen, um den Umzug personenbezogener Daten zu einem neuen Anbieter zu erleichtern. Wenn technisch möglich, sollen personenbezogene Daten auf Wunsch der Betroffenen direkt zwischen den Anbietern ausgetauscht werden.

Die DSGVO verfolgt die Konzepte „Data Protection by Design" und „Data Protection by Default". Wer personenbezogene Daten verarbeitet oder solche Systeme bereitstellt, muss während der Konzeption und bei der Gestaltung auf größtmöglichen Datenschutz achten. Dies betrifft auch datenschutzgerechte Voreinstellungen für die Nutzer, z. B. bei Online-Formularen.

Die umfangreichen Vorgaben der DSGVO lassen sich durch ein Datenschutzmanagement umsetzen. In Bezug auf die IOT-Sicherheit fordert die Verordnung ein angemessenes Schutzniveau. Dazu gehören gegebenenfalls auch Sicherheits-Audits und der Einsatz von Verschlüsselungsverfahren. Unternehmen können bzw. müssen einen internen oder externen Datenschutzbeauftragten einsetzen. Die Funktion erfordert jedoch sowohl ein umfassendes technisches Verständnis als auch juristische Kenntnisse im Hinblick auf den Datenschutz.

Sofern Unternehmen Cloud-Lösungen von Drittanbietern in einem Nicht-EU-Land nutzen, fordert die Verordnung ein angemessenes Datenschutzniveau. Unternehmen sind für den Schutz der Daten über die gesamte Datenverarbeitungskette hinweg verantwortlich.

Diese Publikation gibt einen praxisgerechten, schnellen Überblick.

Die Ausführungen verzichten an einigen Stellen auf die Nennung von Ausnahmetatbeständen und orientieren sich aus Praktikabilitätsgründen an den häufigsten Anwendungsfällen.

Dr. Holger Mühlbauer

TeleTrusT – Bundesverband IT-Sicherheit e. V.

2 Die wichtigsten Inhalte der DSGVO auf einen Blick

Mit der am 14. 04. 2016 vom Europäischen Parlament beschlossenen DSGVO werden die Regeln für die Verarbeitung personenbezogener Daten, die Rechte der Betroffenen und die Pflichten der Verantwortlichen EU-weit vereinheitlicht. Von 28 EU-Mitgliedstaaten stimmten nur Österreich und Slowenien gegen die DSGVO, gleichwohl wird die DSGVO ab 25. 05. 2018 in der gesamten Europäischen Union wirksam. Dann müssen alle Datenverarbeitungsanwendungen an die neue Rechtslage angepasst sein. Jedes Unternehmen, das personenbezogene Daten verarbeitet (z. B. eine Kundendatei führt, Rechnungen ausstellt, Lieferantendaten speichert), ist grundsätzlich betroffen. Damit kommen wesentliche Neuerungen auf viele Unternehmen zu.

Die DSGVO enthält Maßgaben in Bezug auf

- Dokumentations- und Nachweispflichten
- Datenschutz-Folgenabschätzung
- Risikoadäquaten Datenschutz
- Transparenzanforderungen
- Datensicherheit
- Datenschutz durch Technik und durch datenschutzfreundliche Voreinstellungen
- Melde- und Benachrichtigungspflichten bei Datenschutzverstößen („72-Stunden-Frist“)
- Betroffenenrechte und Löschpflichten
- Zweckänderungen.

3 Rechtlicher Rahmen in Deutschland und Österreich

3.1 Deutschland

Das EU-Datenschutzreform-Paket besteht aus der Datenschutz-Grundverordnung (Verordnung (EU) 2016/679 – kurz: DSGVO) und der Datenschutz-Richtlinie für Polizei und Justiz (Richtlinie (EU) 2016/680), umgesetzt in Deutschland im Wesentlichen durch das „Datenschutz-Anpassungs- und Umsetzungsgesetz EU" („DSAnpUG-EU"). Das DSAnpUG-EU wurde am 27.04.2017 vom Deutschen Bundestag verabschiedet und ist einschließlich der neuen Fassung des Bundesdatenschutzgesetzes (kurz: „BDSG-neu") ab 25.05.2018 in Kraft, während die vorherige Fassung des Bundesdatenschutzgesetzes (kurz: BDSG) seine Gültigkeit verliert (Artikel 8). Das DSAnpUG-EU ersetzt in Artikel 1 die aktuelle gültige Fassung des BDSG mit einem Gesetz gleichen Namens, wobei es auch als „BDSG-neu" bezeichnet wird. Des Weiteren enthält das DSAnpUG-EU eine Reihe von Gesetzgebungsänderungen für Polizei, Justiz und Nachrichtendienste (Artikel 2 bis 6). Ferner ergänzt das DSAnpUG-EU die neue Version des BDSG um ein Verfahren (Artikel 7), mit dem nationale Datenschutzaufsichtsbehörden Anträge auf gerichtliche Entscheidung bei angenommener Rechtswidrigkeit eines Beschlusses der Europäischen Kommission stellen können (z.B. angemessener Schutz durch das Privacy-Shield-Abkommen für Datenexporte in die USA).

Das „BDSG-neu" ist in folgende Teile gegliedert (Artikel 1):

Teil 1 enthält gemeinsame Bestimmungen, die allen relevanten Datenverarbeitungen zugrunde gelegt werden sollen, unabhängig davon, ob diese zu Zwecken der DSGVO, der Datenschutz-Richtlinie Polizei und Justiz oder anderen Zwecken (z.B. zur Abwehr von Gefahren für die nationale Sicherheit) erfolgen. In diesem Teil finden sich auch die allgemeinen Rechtsgrundlagen für Datenverarbeitungen durch öffentliche Stellen sowie zur Videoüberwachung öffentlich zugänglicher Räume, Regelungen zu den Datenschutzbeauftragten öffentlicher Stellen und zum Amt des oder der Bundesbeauftragten für den Datenschutz und die Informationsfreiheit sowie zur deutschen Vertretung im Europäischen Datenschutzausschuss.

Teil 2 enthält ergänzende Bestimmungen zu Datenverarbeitungen zu Zwecken der DSGVO. Diese Bestimmungen umfassen u.a. Regelungen zur Verarbeitung besonderer Kategorien personenbezogener Daten, zur Weiterverarbeitung zu anderen Zwecken, zu Datenübermittlungen durch öffentliche Stellen, zu Betroffenenrechten, zu Verfahrensregelungen für Geldbußen bei Verstößen gegen die DSGVO. Ferner enthält dieser Teil Regelungen zu besonderen Verarbeitungssituationen (z. B. für Zwecke des Beschäftigungsverhältnisses, zu wissenschaftlichen/historischen/statistischen Zwecken, für im öffentlichen Interesse liegende Archivierungszwecke, bei Fällen von Geheimhaltungspflichten, Verbraucherkrediten, Scoring und Bonitätsauskünften).

Teil 3 dient der Umsetzung der Datenschutz-Richtlinie für Polizei und Justiz (soweit diese nicht gesondert im Fachrecht vorgenommen wird) und enthält allgemeine Regelungen zur Datenverarbeitung in diesem Bereich sowie ergänzende Bestimmungen zu Betroffenenrechten, zu den Pflichten der Verantwortlichen und Datenübermittlungen an Drittstaaten.

Teil 4 enthält besondere Bestimmungen für Datenverarbeitungen außerhalb des Anwendungsbereichs der DSGVO und der Datenschutz-Richtlinie für Polizei und Justiz, z. B. für Übermittlungen von personenbezogenen Daten aus zwingenden Gründen der Verteidigung oder zur Erfüllung über- oder zwischenstaatlicher Verpflichtungen auf dem Gebiet der Krisenbewältigung oder Konfliktverhinderung sowie für humanitäre Maßnahmen.

3.2 Österreich

Die Bestimmungen der DSGVO und des österreichischen Datenschutzgesetzes (DSG) in der Fassung des Datenschutz-Anpassungsgesetzes 2018 gelten ab 25. 05. 2018. Bis dahin müssen alle Datenanwendungen an die neue Rechtslage angepasst werden.

4 Schnellübersicht nach Schlagworten

4.1 Anwendungsbereich

Insgesamt bringt die DSGVO für Unternehmen erheblichen Mehraufwand mit sich. Zwar sind sich die DSGVO und das BDSG in Aufbau und Systematik ähnlich. Unternehmen müssen aber umfassende neue Strukturen und Prozesse schaffen, um den Vorgaben der DSGVO zu entsprechen. Der nachstehende Überblick zeigt, auf welche Vorgaben der DSGVO man bei der Umsetzung der neuen Anforderungen besonders achten sollte.

- **Vorrang der DSGVO vor anderen Rechtsvorschriften der EU-Mitgliedstaaten**

Die DSGVO wirkt unmittelbar und direkt, ohne dass es ihrer innerstaatlichen Umsetzung bedarf. Als EU-Verordnung geht sie Rechtsvorschriften der einzelnen Mitgliedstaaten vor. Sofern die DSGVO keine ausdrücklichen Möglichkeiten für einzelstaatliche Regelungen vorsieht, verdrängt die Verordnung Vorschriften der Mitgliedstaaten zur Datenverarbeitung. Die DSGVO ist anders als das BDSG kein Auffanggesetz, sondern eine Vorrangregelung. Die Verordnung geht „normalgesetzlichen“ Regelungen wie z. B. dem Betriebsverfassungsgesetz oder den Sozialgesetzbüchern vor.

- **Globale Anwendung der DSGVO**

Die Verordnung erweitert den räumlichen Anwendungsbereich des EU-Datenschutzrechts. Die DSGVO gilt zunächst für die Datenverarbeitung im Rahmen von Tätigkeiten einer Niederlassung eines Verantwortlichen oder Auftragsverarbeiters in der Europäischen Union, Art. 3 Abs. 1 DSGVO. Entscheidend ist dabei der Ort der Niederlassung und nicht der Ort der Datenverarbeitung. Das Niederlassungsprinzip der Verordnung wird durch das sogenannte „Marktortprinzip“ des Art. 3 Abs. 2 DSGVO noch erweitert. Nach dieser Vorschrift kann die Verordnung auch auf Verantwortliche oder Auftragsverarbeiter ohne Niederlassung in der EU Anwendung finden. Die DSGVO gilt zum einen für Datenverarbeitungen, die dazu dienen, betroffenen Personen in der EU Waren oder Dienstleistungen anzubieten, Art. 3 Abs. 1 a DSGVO. Zum anderen findet die Verordnung auch auf Datenverarbeitungen Anwendung, die der Beobachtung von betroffenen Personen in der Europäischen Union dienen.

- **Anwendungsbereich nach Art. 2 DSGVO**

Ausgangspunkt für die Bestimmung des sachlichen Anwendungsbereichs ist Art. 2 Abs. 1 DSGVO:

„Diese Verordnung gilt für die ganz oder teilweise automatisierte Verarbeitung personenbezogener Daten sowie für die nichtautomatisierte Verarbeitung personenbezogener Daten, die in einem Dateisystem gespeichert sind oder gespeichert werden sollen.“

Nach Art. 2 Abs. 1 DSGVO kommt es darauf an, ob personenbezogene Daten ganz oder teilweise automatisiert verarbeitet werden oder ob bei einer nichtautomatisierten Verarbeitung eine Speicherung in einem Dateisystem erfolgen (soll).

■ Ausnahmen

Nach Art. 2 Abs. 2 DSGVO findet die Verordnung keine Anwendung auf die Verarbeitung personenbezogener Daten, wenn

- die Tätigkeit nicht in den Anwendungsbereich des Unionsrechts fällt,
- im Rahmen von Tätigkeiten durch die Mitgliedstaaten, die in den Anwendungsbereich von Titel V Kapitel 2 EUV fallen (Auswärtiges Handeln, Außen- und Sicherheitspolitik),
- natürliche Personen ausschließlich persönliche oder familiäre Tätigkeiten ausüben oder
- die zuständigen Behörden zum Zwecke der Verhütung, Ermittlung, Aufdeckung oder Verfolgung von Straftaten oder der Strafvollstreckung, einschließlich des Schutzes vor und der Abwehr von Gefahren für die öffentliche Sicherheit tätig werden – hierfür ist die neue Richtlinie 2016/680/EU maßgeblich.

Von den Ausnahmen sind in erster Linie diejenigen relevant, die den privaten und familiären Lebensbereich ausnehmen. Hierunter fallen beispielsweise privater Schriftverkehr, ein privates Anschriftenverzeichnis oder die private Nutzung sozialer Netze und private Online-Tätigkeiten.

■ Datenübermittlung in Drittstaaten

Der Transfer von personenbezogenen Daten in Staaten außerhalb der EU bzw. des EWR (sog. Drittstaaten) ist problematisch. Grund hierfür ist die Annahme, dass in Drittstaaten generell kein angemessenes Datenschutzniveau herrscht. Eine Ausnahme besteht dann, wenn die EU-Kommission für den betreffenden Staat ein solches festgestellt hat. Dementsprechend werden Datentransfers in Drittstaaten auch weiterhin nur zulässig sein, wenn zusätzliche Sicherheitsmechanismen dazu beitragen, ein angemessenes Datenschutzniveau zu gewährleisten, oder ein solches verbindlich festgestellt wurde.

4.2 Begriffsbestimmungen

Wesentlich für die Anwendung der DSGVO sind folgende Begriffsbestimmungen:

- **Rechtmäßigkeit, Verarbeitung nach Treu und Glauben, Transparenz**

Personenbezogene Daten müssen auf rechtmäßige Weise, nach Treu und Glauben und in einer für die betroffene Person nachvollziehbaren Weise verarbeitet werden. Dies setzt voraus, dass alle Informationen und Mitteilungen zur Verarbeitung der personenbezogenen Daten leicht zugänglich und verständlich in klarer und einfacher Sprache abgefasst sind. Der Grundsatz betrifft insbesondere die Informationen über die Identität des Verantwortlichen und die Zwecke der Verarbeitung sowie die Auskunft darüber, welche sie betreffende personenbezogene Daten verarbeitet werden.

- **Zweckbindung**

Personenbezogene Daten müssen für festgelegte, eindeutige und legitime Zwecke erhoben werden und dürfen nicht in einer mit diesen Zwecken nicht zu vereinbarenden Weise weiterverarbeitet werden. Als nicht unvereinbar gilt eine Weiterverarbeitung für im öffentlichen Interesse liegende Archivzwecke, für wissenschaftliche oder historische Zwecke oder für statistische Zwecke.

- **Datenminimierung**

Personenbezogene Daten müssen dem Zweck angemessen und erheblich sowie auf das für die Zwecke der Verarbeitung notwendige Maß beschränkt sein. Dazu zählt auch, dass Verantwortliche durch technische Voreinstellungen sicherzustellen haben, dass grundsätzlich nur personenbezogene Daten, deren Verarbeitung für den jeweiligen bestimmten Verarbeitungszweck erforderlich ist, verarbeitet werden.

- **Richtigkeit**

Personenbezogene Daten müssen sachlich richtig und erforderlichenfalls auf dem neuesten Stand sein. Es sind alle angemessenen Maßnahmen zu treffen, damit unrichtige personenbezogene Daten gelöscht oder berichtigt werden.

- **Speicherungsbegrenzung**

Personenbezogene Daten müssen in einer Form gespeichert werden, die die Identifizierung der betroffenen Personen nur so lange ermöglicht, wie es für die Zwecke, für die sie verarbeitet werden, erforderlich ist. Dies erfordert insbesondere, dass die Speicherfrist für personenbezogene Daten auf das unbedingt erforderliche Mindestmaß beschränkt bleibt. Daher sollte der Verantwortliche Fristen für die Löschung oder regelmäßige Überprüfungen vorsehen. Eine längere Speicherung ist vorbehaltlich der Durchführung geeigneter technischer und organisatorischer Maßnahmen für ausschließlich im öffentlichen Interesse liegende Archivzwecke oder für wissenschaftliche und historische Forschungszwecke oder für statistische Zwecke zulässig.

■ Integrität und Vertraulichkeit

Personenbezogene Daten müssen in einer Weise verarbeitet werden, die eine angemessene Sicherheit der personenbezogenen Daten gewährleistet. Durch geeignete technische und organisatorische Maßnahmen soll insbesondere auch gewährleistet werden, dass Unbefugte keinen Zugang zu den Daten haben und weder die Daten noch die die Geräte, mit denen diese verarbeitet werden, benutzen können.

■ Personenbezogene Daten

Definitionsgemäß sind „personenbezogene Daten" alle Informationen, die sich auf eine identifizierte oder identifizierbare natürliche Person („betroffene Person") beziehen. Der Begriff der personenbezogenen Daten ist allerdings sehr weit gefasst (Art. 4 Nr. 1 DSGVO) und umfasst beispielsweise Informationen wie Name, Adresse, Telefonnummer, Autokennzeichen oder aber auch die IP-Adresse einer Person. Ausreichend ist es, wenn die Informationen einer Person lediglich irgendwie zugeordnet und damit ein Personenbezug hergestellt werden kann. Als identifizierbar wird eine natürliche Person angesehen, die direkt oder indirekt, insbesondere mittels Zuordnung zu einer Kennung wie einem Namen, zu einer Kennnummer, zu Standortdaten, zu einer Online-Kennung oder zu einem oder mehreren besonderen Merkmalen identifiziert werden kann, die Ausdruck der physischen, physiologischen, genetischen, psychischen, wirtschaftlichen, kulturellen oder sozialen Identität dieser natürlichen Person sind.

Die Grundsätze der DSGVO gelten nicht für „anonyme Informationen", d.h. für Informationen, die sich nicht auf eine identifizierte oder identifizierbare natürliche Person beziehen, oder personenbezogene Daten, die in einer Weise anonymisiert worden sind, dass die betroffene Person nicht oder nicht mehr identifiziert werden kann. Die Verordnung betrifft somit nicht die Verarbeitung anonymer Daten, dies gilt auch für statistische oder Forschungszwecke.

Die DSGVO gilt nicht für die personenbezogenen Daten Verstorbener (die EU-Mitgliedstaaten können jedoch Vorschriften für die Verarbeitung der personenbezogenen Daten Verstorbener vorsehen).

Soweit keine personenbezogenen Daten betroffen sind, ist die DSGVO nicht anzuwenden.

- **Besondere Kategorien personenbezogener Daten („Sensible Daten")**

Dies sind personenbezogene Daten, aus denen die rassische und ethnische Herkunft, politische Meinungen, religiöse oder weltanschauliche Überzeugungen oder die Gewerkschaftszugehörigkeit hervorgehen, sowie die Verarbeitung von genetischen Daten, biometrischen Daten zur eindeutigen Identifizierung einer natürlichen Person, Gesundheitsdaten oder Daten zum Sexualleben oder der sexuellen Orientierung einer natürlichen Person.

BEISPIELE

Biometrische Merkmale, Krankengeschichte

- **Gesundheitsdaten**

Personenbezogene Daten, die sich auf die körperliche oder geistige Gesundheit einer natürlichen Person, einschließlich der Erbringung von Gesundheitsdienstleistungen, beziehen und aus denen Informationen über deren Gesundheitszustand hervorgehen, werden als „Gesundheitsdaten" definiert.

Neben z.B. „Gesundheitsdaten" zählen nun auch ausdrücklich „genetische Daten" und „biometrische Daten" zu den „besonderen Kategorien personenbezogener Daten" (sensible Daten) und unterliegen damit strengeren Maßgaben.

- **Genetische Daten**

„Genetische Daten" sind personenbezogene Daten zu den ererbten oder erworbenen genetischen Eigenschaften einer natürlichen Person, die eindeutige Informationen über die Physiologie oder die Gesundheit dieser natürlichen Person liefern und insbesondere aus der Analyse einer biologischen Probe der betroffenen natürlichen Person gewonnen wurden.

- **Biometrische Daten**

„Biometrische Daten" sind mit speziellen technischen Verfahren gewonnene personenbezogene Daten zu den physischen, physiologischen und verhaltenstypischen Merkmalen einer natürlichen Person, die die eindeutige Identifizierung dieser natürlichen Person ermöglichen oder bestätigen, wie Gesichtsbilder und daktyloskopische Daten.

- **Kinder**

Für die Rechtmäßigkeit der Einwilligung eines Kindes bei einem Angebot von Diensten der Informationsgesellschaft legt die DSGVO eine Altersgrenze von 16 Jahren fest. Die EU-Mitgliedstaaten können niedrigere Altersgrenzen vorsehen, allerdings nicht unter das vollendete 13. Lebensjahr.

■ Verarbeitung

Unter dem Begriff „Verarbeitung“ versteht die DSGVO jeden mit oder ohne Hilfe automatisierter Verfahren ausgeführten Vorgang in Zusammenhang mit personenbezogenen Daten, wie das Erheben, das Erfassen, die Organisation, das Ordnen, die Speicherung, die Anpassung oder Veränderung, das Auslesen, das Abfragen, die Verwendung, die Offenlegung durch Übermittlung, Verbreitung oder eine andere Form der Bereitstellung, den Abgleich oder die Verknüpfung, die Einschränkung, das Löschen oder die Vernichtung.

BEISPIELE

Erstellung einer Kundendatei, Aufnahme der Daten zur Erstellung einer Rechnung, Mitarbeiterdatenbank.

■ Automatisierte und nichtautomatisierte Verarbeitung

Die DSGVO bezieht jede automatisierte Verarbeitung und jede nichtautomatisierte Verarbeitung bei Speicherung in einem Dateisystem mit ein. Bei einer automatisierten Verarbeitung werden beispielsweise Computer, Smartphones, Kameras, Webcams, Dashcams, Scanner oder Kopierer erfasst. Jede Benutzung von Computer, Internet, E-Mail kann also zur Anwendbarkeit der DSGVO führen, wenn personenbezogene Daten betroffen sind. Eine nichtautomatisierte Verarbeitung liegt insbesondere bei handschriftlichen Aufzeichnungen vor.

■ Dateisystem

Ein Dateisystem ist nach Art. 4 Nr. 6 DSGVO „(...) jede strukturierte Sammlung personenbezogener Daten, die nach bestimmten Kriterien zugänglich sind, unabhängig davon, ob die Sammlung, zentral, dezentral oder funktionalen oder geografischen Gesichtspunkten zugeordnet geführt wird. Damit sind etwa Akten, Aktensysteme oder Deckblätter erfasst“.

Dass insbesondere bei handschriftlichen Aufzeichnungen noch ein weiterer Anwendungsbereich der DSGVO angestrebt wurde, verdeutlicht die Formulierung „gespeichert werden sollen“ in Art. 2 Abs. 1 DSGVO. Hierbei reicht bereits die Absicht aus, dass personenbezogene Daten in ein Dateisystem aufgenommen werden. Das kann auch eine Aktenverwaltung betreffen. Das Dateisystem kann automatisiert oder manuell geführt werden. Die Regelung ist technologieneutral.

BEISPIEL

Kundendatei (elektronisch oder in Papierform)

■ Verantwortlicher und Auftragsverarbeiter

„Verantwortlicher" ist die natürliche oder juristische Person, Behörde, Einrichtung oder andere Stelle, die allein oder gemeinsam mit anderen über die Zwecke und Mittel der Verarbeitung von personenbezogenen Daten entscheidet; sind die Zwecke und Mittel dieser Verarbeitung durch das Unionsrecht oder das Recht der Mitgliedstaaten vorgegeben, so können der Verantwortliche bzw. die bestimmten Kriterien seiner Benennung nach dem Unionsrecht oder dem Recht der Mitgliedstaaten vorgesehen werden.

BEISPIELE

Der Unternehmer, der Kundendaten von natürlichen Personen zur Erstellung einer Rechnung an den Kunden erfasst, ist „Verantwortlicher". Der externe Buchhalter, der die Rechnungsdaten für die Bilanzerstellung von diesem Unternehmer erhält und verarbeitet, ist „Auftragsverarbeiter". Weitere Beispiele für den „Auftragsverarbeiter" sind das Rechenzentrum oder der Cloud-Anbieter.

■ Einwilligung

Als „Einwilligung" der betroffenen Person gilt jede freiwillig für den Einzelfall, in informierter Weise und unmissverständlich abgegebene Willensbekundung in Form einer Erklärung oder einer sonstigen eindeutigen bestätigenden Handlung, mit der die betroffene Person zu verstehen gibt, dass sie mit der Verarbeitung der sie betreffenden personenbezogenen Daten einverstanden ist. Diese Einwilligung kann schriftlich, elektronisch oder auch mündlich erfolgen, etwa auch durch Anklicken eines Kästchens auf einer Internetseite, durch die Auswahl technischer Einstellungen für Dienste der Informationsgesellschaft oder andere Erklärungen oder Verhaltensweisen, die im jeweiligen Kontext eindeutig das Einverständnis der betroffenen Person zur Datenverarbeitung signalisieren. Stillschweigen, bereits vorangekreuzte Kästchen oder Untätigkeit können keine Einwilligung darstellen. Wenn die Verarbeitung mehreren Zwecken dient, ist für jeden Zweck der Verarbeitung eine gesonderte Einwilligung nötig.

■ Pseudonymisierung

„Pseudonymisierung" ist die Verarbeitung personenbezogener Daten in einer Weise, dass die personenbezogenen Daten ohne Hinzuziehung zusätzlicher Informationen nicht mehr einer spezifischen betroffenen Person zugeordnet werden können, sofern diese zusätzlichen Informationen gesondert aufbewahrt werden und technischen und organisatorischen Maßnahmen unterliegen, die gewährleisten, dass die personenbezogenen Daten nicht einer identifizierten oder identifizierbaren natürlichen Person zugewiesen werden. Die Anwendung der Pseudonymisierung auf personenbezogene Daten kann die Risiken für die betroffenen Personen senken und die Verantwortlichen und die Auftragsverarbeiter bei der Einhaltung ihrer Datenschutzpflichten unterstützen. Durch die ausdrückliche Einführung der „Psyeudonymisierung" in die DSGVO ist jedoch nicht beabsichtigt, andere Datenschutzmaßnahmen auszuschließen.

■ Binding Corporate Rules

Binding Corporate Rules (BCR) sind ein Rahmen zum Umgang mit personenbezogenen Daten, auf dessen Grundlage Konzerne verbindliche Datenschutzrichtlinien erlassen können. Diese werden als ausreichende Datenschutzgarantie für konzerninterne Datenübertragungen in unsichere Drittländer angesehen. Durch ihre Kodifikation in der DSGVO ergeben sich einige Vorteile für Konzerne.

■ „One-Stop-Shop-Prinzip"

Bei grenzüberschreitender Datenverarbeitung gilt demnächst nach Art. 56 Abs. 1 DSGVO das One-Stop-Shop-Prinzip. Demnach ist nur noch eine federführende Aufsichtsbehörde für die Beurteilung datenschutzrechtlicher Belange eines Unternehmens zuständig. Damit entfällt für internationale Unternehmen Bürokratie.

■ Erleichterter Datenaustausch in einer Unternehmensgruppe

Die DSGVO stellt weniger strenge Anforderungen an die Übermittlung personenbezogener Daten zwischen Verantwortlichen, die Teil einer Unternehmensgruppe sind. Art. 6 Abs. 1 (f) DSGVO differenziert anders als das BDSG nicht zwischen Datenverarbeitungen für eigene Zwecke und Datenverarbeitungen zur Wahrung berechtigter Interesse Dritter. Die Vorschrift erlaubt die Datenverarbeitung zur Wahrung berechtigter Interessen des Verantwortlichen oder eines Dritten, sofern nicht die Interessen oder Grundrechte und Grundfreiheiten der betroffenen Person überwiegen. Erwägungsgrund 37 zur DSGVO stellt zudem klar, dass Verantwortliche, die Teil einer Unternehmensgruppe sind, ein berechtigtes Interesse haben können, personenbezogene Daten innerhalb der Unternehmensgruppe für interne Verwaltungszwecke zu übermitteln. Dies soll ausdrücklich auch für die Verarbeitung personenbezogener Daten von Kunden und Beschäftigten gelten.

■ Externe Dienstleister

Auch externe Dienstleister, wie beispielsweise E-Mailing-Dienste, müssen nach der DSGVO arbeiten. Das muss vom Auftraggeber ggf. geprüft werden.

■ Auftragsverarbeitung

„Auftragsverarbeiter" ist eine natürliche oder juristische Person, Behörde, Einrichtung oder andere Stelle, die personenbezogene

Daten im Auftrag bzw. auf Weisung des Verantwortlichen bearbeitet (bei dem die Verantwortung für die ordnungsgemäße Datenverarbeitung verbleibt). Ob eine Auftragsverarbeitung in der Praxis vorliegt, richtet sich ausschließlich nach rechtlichen Vorgaben und kann nicht vertraglich festgelegt werden. Daher ist es wichtig, deren Voraussetzungen zu kennen. In der DSGVO werden diese nun erstmals europaweit einheitlich geregelt.

4.3 Haftung und Bußgelder

■ Bußgelder und Sanktionen

Die DSGVO enthält eigene Vorschriften zu Bußgeld- und Sanktionsmöglichkeiten. Dadurch sollen Unternehmen von Datenschutzverstößen abgehalten und das Bewusstsein dafür geschärft werden, dass Verstöße gegen die Verordnung zugleich Verletzungen der Grundrechtecharta der Europäischen Union sind. Die nationalen Datenschutzbehörden können jetzt Bußgelder bis zu 4 % des weltweiten Jahresumsatzes oder 20 Mio. Euro bei bestimmten Verstößen ansetzen, z. B. bei Missachtung der grundlegenden Prinzipien der Verarbeitung von personenbezogenen Daten (zu denen die Einwilligung der betroffenen Person gehört). Art. 83 DSGVO sieht für Unternehmen Bußgelder von bis zu 4 % des globalen Umsatzes vor. An Verstößen gegen die DSGVO beteiligte natürliche Personen müssen mit Geldbußen von bis zu 20 Millionen Euro rechnen. Bei Unternehmen kommen mit der umsatzbezogenen Berechnung noch deutlich höhere Bußgelder in Betracht. Bei großen Unternehmen oder Konzernen können dreistellige Millionenbeträge erreicht werden. Damit verschärft sich der Bußgeldrahmen gegenüber dem bisherigen Recht. Der auf den Umsatz basierte Bußgeldrahmen ermöglicht Sanktionen, die bei großen Unternehmen dreistellige Millionenbeträge erreichen können. Die Aufsichtsbehörden sollen sicherstellen, dass die Geldbußen für Verstöße gegen die Verordnung „wirksam, verhältnismäßig und abschreckend" sind. Eine weitere für die Praxis wesentliche Änderung ist das Bußgeldrisiko bei unzureichender Datensicherheit. Art. 32 DSGVO regelt die künftigen Vorgaben zur Datensicherheit. Verstöße gegen diese Vorschrift werden nach der Verordnung mit Bußgeldern von bis zu 2 % des Umsatzes geahndet.

■ Erweiterte Haftung für Verantwortliche und für Auftragsverarbeiter

Neben den Bußgeldern steigen die Risiken für Unternehmen auch im Hinblick auf die zivilrechtliche Haftung wegen tatsächlicher oder behaupteter Datenschutzverstöße. Nach Art. 82 Abs. 1 DSGVO sind materielle und immaterielle Schäden zu erstatten, die auf Verstößen gegen die Verordnung beruhen. Die ausdrückliche Nennung immaterieller Schäden kann in der Praxis zu einer erheblichen Veränderung gegenüber der bisherigen Rechtslage führen. Deutsche Gerichte waren in der Vergangenheit zurückhaltend damit, betroffenen Personen wegen Datenschutzverstößen nennenswerte Schadensersatzzahlungen zuzusprechen. Hier dürfte der EuGH künftig auf der Grundlage der Verordnung neue Maßstäbe anlegen. Eine weitere Neuerung ist die ausdrückliche Erweiterung der Haftung auch auf Auftragsverarbeiter (Art. 82 Abs. 1 DSGVO).

4.4 Risikomanagement

An vielen Stellen der DSGVO stehen die von der Verordnung geforderten Maßnahmen in direkter Abhängigkeit von den Risiken, die eine Datenverarbeitung für die persönlichen Rechte und Freiheiten betroffener Personen mit sich bringt. Dieser risikobasierte Ansatz beim Datenschutz ist gerade im Hinblick auf den Verhältnismäßigkeitsgrundsatz im Rahmen einer Verarbeitung nach Treu und Glauben folgerichtig, vgl. Art. 5 Abs. 1 DSGVO. Ein solches risikobasiertes Vorgehen ist gerade bei sogenannten Compliance-Management-Systemen üblich und zweckmäßig. Daher lassen sich viele Erfahrungen aus Compliance-Strukturen und dem Risikomanagement auf den Datenschutz nach der DSGVO übertragen.

4.5 Betroffenenrechte

■ Erweiterte Transparenzvorschriften

Künftig müssen Unternehmen betroffene Personen deutlich umfassender als bislang und in einer nachvollziehbaren Weise darüber informieren, wie sie deren Daten verarbeiten. Nach Art. 5 Abs. 1 DSGVO zählt der Transparenzgrundsatz zu den wesentlichen Prinzipien der Verordnung. Grundsätzlich muss der Verantwortliche betroffene Personen von der Verarbeitung ihrer personenbezogenen Daten „in präziser, transparenter, verständlicher und leicht zugänglicher Form in einer einfachen und klaren Sprache" unterrichten, Art. 12 Abs. 1 DSGVO. Dabei sehen vor allem Art. 12 bis Art. 15 DSGVO umfangreiche Unterrichtungsrechte betroffener Personen und Auskunftspflichten Verantwortlicher vor. Gerade die Unterrichtungspflichten nach Art. 13 und Art. 14 DSGVO gehen weit über die Vorgaben der bislang geltenden § 4 Abs. 3 und § 33 BDSG hinaus. Die Unterrichtungspflichten nach Art. 13 DSGVO entfallen, wenn und soweit die betroffene Person bereits über die fragliche Information verfügt. Für die Informationspflichten bei Daten, die nicht bei der betroffenen Person erhoben wurden, gelten nach Art. 14 Abs. 5 DSGVO etwas weitgehendere Ausnahmen, bei deren Vorliegen der Verantwortliche von einer Unterrichtung absehen kann.

■ Anforderungen an eine Einwilligung

Die Einwilligung in die Verarbeitung seiner personenbezogenen Daten durch den Betroffenen ist seit jeher zentraler Bestandteil des Datenschutzrechts. Aufgrund des Grundrechts auf informationelle Selbstbestimmung kann jeder Bürger für sich entscheiden, wer welche Informationen über ihn erhält. Im BDSG sind bzw. waren die Voraussetzungen für eine rechtsgültige Einwilligung in die Verarbeitung personenbezogener Daten durch § 4a BDSG geregelt und für den Bereich der elektronischen Medien zusätzlich durch § 13 Abs. 2 Telemediengesetz (TMG). Durch die Einführung der DSGVO werden diese Voraussetzungen ergänzt.

■ Löschen von Daten und Recht auf Vergessenwerden

Die DSGVO sieht umfassendere Löschpflichten vor als bislang § 35 BDSG. Künftig regelt Art. 17 DSGVO das Recht auf Löschung personenbezogener Daten. Der Verantwortliche muss personenbezogene Daten ohne unangemessene Verzögerung löschen, sofern einer der in Art. 17 Abs. 1 DSGVO genannten Gründe zutrifft. Einer der dort aufgeführten Gründe kann auch darin liegen, dass die betroffene Person nach Art. 21 Abs. 1 DSGVO Widerspruch gegen die Verarbeitung ihrer personenbezogenen Daten einlegt. Im Falle eines solchen Widerspruchs muss der Verantwortliche diese Daten löschen, sofern keine vorrangigen berechtigten Gründe für die weitere Verarbeitung vorliegen, Art. 17 Abs. 1 c DSGVO.

Wenn ein Verantwortlicher zu löschende personenbezogene Daten öffentlich gemacht hat, muss er andere Verantwortliche, die diese Daten verarbeiten, davon informieren, dass eine betroffene Person von ihnen die Löschung aller Links zu oder aller Kopien oder Replikationen von diesen personenbezogenen Daten verlangt hat, Art. 17 Abs. 2 DSGVO. Art. 17 Abs. 3 DSGVO regelt die Ausnahmen von den Löschpflichten. Diese Ausnahmeregelungen sind insgesamt enger gefasst als im bisherigen Recht.

■ Kopplungsverbot bei Einwilligungen

Die Einwilligung nach Art. 7 DSGVO soll durch eine eindeutige Handlung erfolgen, mit der die betroffene Person ohne Zwang, für den konkreten Fall, in Kenntnis der Sachlage und unmissverständlich bekundet, dass sie mit der Verarbeitung ihrer personenbezogenen Daten einverstanden ist. Um sicherzustellen, dass die Einwilligung ohne Zwang erfolgt, sollte diese keine rechtliche Handhabe liefern, wenn zwischen der betroffenen Person und dem für die Verarbeitung Verantwortlichen ein klares Ungleichgewicht besteht. Verantwortliche dürfen die Erfüllung eines Vertrags, einschließlich der Erbringung einer Dienstleistung nicht mehr davon abhängig machen, dass die betroffene Person in Datenverarbeitungen einwilligt, die für die Erfüllung dieses Vertrags nicht erforderlich sind.

■ Unterrichtungspflicht

Kunden, insbesondere Neukunden, muss einfach, klar und verständlich dargelegt werden: Wofür werden ihre Daten verwendet? Wo und wie lange werden sie gespeichert? An wen werden sie übermittelt? Wie kann der Kunde seine Daten berichtigen, einschränken oder löschen lassen?

■ Zweckänderungen und Vereinbarkeit

Grundsätzlich entscheidet der bei der Erhebung von Daten verfolgte Zweck über die mögliche Zulässigkeit ihrer weiteren Verarbeitung. Wenn personenbezogene Daten für einen anderen Zweck verarbeitet werden sollen als den, für den sie erhoben wurden, spricht man von einer Zweckänderung. Im bisherigen Recht waren die Voraussetzungen für die Übermittlung oder Nutzung personenbezogener Daten für einen anderen Zweck vor allem in § 28 Abs. 2 BDSG geregelt. In der Verordnung sind Zweckänderungen künftig in Art. 6 Abs. 3 DSGVO geregelt. Künftig soll die Verarbeitung personenbezogener Daten für einen anderen Zweck als den, zu dem die Daten erhoben werden, zunächst zulässig sein. Voraussetzung ist, dass die betroffene Person in eine solche Zweckänderung eingewilligt hat oder eine Rechtsvorschrift im Sinne von Art. 23 Abs. 1 DSGVO dies erlaubt.

Der in der Praxis wichtigste Anwendungsfall für Zweckänderungen dürfte in einer Verarbeitung für Zwecke liegen, die mit dem ursprünglichen Zweck „vereinbar" sind. Der Verantwortliche muss diese Vereinbarkeit vor der Zweckänderung prüfen. Kriterien hierfür sind die Verbindung zwischen dem ursprünglichen und dem neuen Zweck, der Kontext der Datenerhebung, die Art der Daten, die möglichen Folgen der beabsichtigten Weiterverarbeitung sowie das Vorhandensein angemessener Garantien. Solche Garantien können etwa in der Verschlüsselung oder Pseudonymisierung personenbezogener Daten liegen.

■ Datenübertragbarkeit

Das Recht auf Datenübertragbarkeit (Datenportabilität) stellt neue Anforderungen an die Praxis beim Umgang mit personenbezogenen Daten. Die DSGVO gibt jeder natürlichen Person das Recht, die sie betreffenden und von ihr bereitgestellten personenbezogenen Daten in einem strukturierten Format zu erhalten oder transferieren zu lassen. Wie dies in der Praxis funktionieren kann, ist teilweise noch unklar.

4.6 Datenschutzerklärung und Dokumentation

■ **Datenschutzerklärung**

Alle von der DSGVO betroffenen Stellen müssen unabhängig von ihrer Größe über die bei ihnen stattfindenden Datenverarbeitungen informieren, wenn personenbezogene Daten über natürliche Personen verarbeitet werden. Um diese Informationspflichten zu erfüllen, ist es gängige Praxis, eine sogenannte Datenschutzerklärung („Privacy Policy") vorzuhalten, die über einen Link auf der Unternehmenswebsite eingesehen werden kann. Die DSGVO schlägt diese Vorgehensweise ausdrücklich vor. Die datenverarbeitende Stelle muss über ihre Identität, die Zwecke der Datenverarbeitung und die Empfänger der Daten aufklären. Bei der Onlinedatenerhebung ist der Nutzer zusätzlich über Art und Umfang der Verarbeitung zu unterrichten sowie darüber, dass er eine dazu erteilte Einwilligung jederzeit widerrufen kann. Art. 13 DSGVO benennt, welche Informationen dem Betroffenen zur Verfügung stehen müssen. Sollte, was wohl inzwischen eher selten ist, keine Webseite betrieben werden, käme z. B. ein Aushang in den Geschäftsräumen und jedenfalls eine Ergänzung der AGBs in Betracht.

Die DSGVO unterscheidet zwischen Pflichtinformationen und weiteren Informationen. Letztere sind dem Betroffenen nur dann mitzuteilen, wenn sie „notwendig sind, um eine faire und transparente Verarbeitung zu gewährleisten". Aufgrund des großen Interpretationsspielraums, den diese Formulierung zulässt, ist es schwierig, die Unterscheidung rechtssicher zu treffen. Daher ist angeraten, auch die sogenannten weiteren Informationen zu vermitteln.

Eine wesentliche Neuerung besteht in der Pflicht zur Nennung der Rechtsgrundlage für die Datenverarbeitung. Nach DSGVO gilt nach wie vor der Grundsatz des „Verbots mit Erlaubnisvorbehalt". Die zentrale Rechtsgrundlage, die die Erhebung und Verarbeitung personenbezogener Daten in bestimmten Fällen erlaubt, findet sich in Art. 6 DSGVO. Als wichtigste sind hier zu nennen: die Verarbeitung zur Erfüllung eines Vertrages mit dem Betroffenen, zur Wahrung der berechtigten Interessen des Verarbeitenden sowie nach Einwilligung durch den Betroffenen. Der erstgenannte Fall ist insbesondere bei kostenpflichtigen Angeboten zutreffend. Bei der Bestellung einer Ware oder Dienstleistung kommt zwischen dem Kunden und dem Unternehmen ein Vertrag zustande, aufgrund dessen der Verkäufer zum Speichern der Kundendaten wie Adresse und Konto berechtigt ist.

Beruft sich das Unternehmen zur Nutzung von Informationen auf eigene berechtigte Interessen, hat es nicht nur die entsprechende Rechtsgrundlage anzugeben, sondern auch die Interessen, die es mit der Verarbeitung verfolgt, etwa die Betriebssicherheit seiner

Website. Um sich gegen Angriffe wehren zu können, darf der Betreiber eines Internetauftritts die IP-Adressen der Nutzer zumindest für kurze Zeit speichern. Auch die Direktwerbung kann zu den berechtigten Interessen gezählt werden.

Zu beachten sind die Informationspflichten in Bezug auf die Rechte des Betroffenen. Dem Betroffenen ist mitzuteilen, dass er ein Recht auf Auskunft über die zu seiner Person gespeicherten Daten sowie auf Korrektur oder Löschung dieser Daten hat, ferner ein Hinweis zum Widerrufsrecht. Hinzugekommen ist die Pflicht, ihn über das Recht auf Einschränkung der Verarbeitung, das Widerspruchs- und das Beschwerderecht bei einer Aufsichtsbehörde sowie das Recht auf sogenannte Datenübertragbarkeit zu informieren.

In Bezug auf das Beschwerderecht ist es ausreichend, dass der Betroffene über das Recht als solches informiert wird. Es ist nicht nötig, die zuständige Datenschutzbehörde zu benennen. Beim Widerspruchsrecht gilt die Besonderheit, dass die Information darüber von den anderen getrennt zu erfolgen hat. Eine optische Hervorhebung durch Rahmung oder Fettdruck sollte ausreichend sein.

Neu ist auch die Pflicht zur Nennung der Kontaktdaten eines gegebenenfalls vorhandenen Datenschutzbeauftragten. Das Veröffentlichen einer E-Mail-Adresse wird als ausreichend erachtet.

Weiterhin ist der Nutzer nicht mehr nur über die Empfänger der erhobenen Daten zu benachrichtigen, sondern auch, ob der Verarbeitende die Daten an Server im Nicht-EU-Ausland übermitteln will. Hinzuweisen ist dabei ebenfalls darauf, ob für dieses Empfängerland ein Datenschutzabkommen existiert – wie das sogenannte Privacy-Shield-Abkommen für die USA.

Darüber hinaus soll der Nutzer erfahren, wie lange Daten über ihn gespeichert werden. Es gilt: Wenn die Daten nicht mehr benötigt werden, sind sie zu löschen. Die aus Sicherheitsgründen nötige Nutzer-IP-Adresse sollte beispielsweise nicht länger als 14 Tage lang gespeichert werden. Kann ein fester Zeitraum nicht angegeben werden, sind die Kriterien für die Speicherdauer zu nennen.

Schließlich ist der Nutzer über das Bestehen einer sogenannten automatisierten Entscheidungsfindung zu informieren. Eine solche kann zum Beispiel bei der Ermittlung der Kreditwürdigkeit einer Person durch vollautomatisierte Datenanalyse vorliegen.

Für alle Informationspflichten gilt der Grundsatz, dass die Informationen „in präziser, transparenter, verständlicher und leicht zugänglicher Form in einer klaren und einfachen Sprache zu übermitteln“ sind. Der Link zur Datenschutzerklärung sollte gut sichtbar auf der Startseite des Webauftritts stehen. Im Text sollten juristische Fachbegriffe vermieden oder zumindest erklärt werden. Der Text muss in Deutsch und – je nach Kundenkreis – in weiteren Sprachen abgefasst sein.

Bezüglich des Textumfangs muss die Datenschutzerklärung in der Praxis mitunter ein Kompromiss zwischen umfassender Information und Verständlichkeit sein. Je nachdem, welche und wie viele Datenverarbeitungen im Unternehmen stattfinden, kann sie u. U. mehrere Seiten umfassen. Der Text sollte bei einer besonders umfangreichen Datenschutzerklärung klar und übersichtlich gegliedert sein.

Checkliste für die Datenschutzerklärung

Mindestangaben:

- Kontaktdaten des Unternehmens als verantwortliche Stelle
- alle Zwecke, zu denen personenbezogene Daten verarbeitet werden
- Rechtsgrundlagen für die Datenverarbeitung
- Speicherfristen
- Katalog der Betroffenenrechte gemäß DSGVO
- Kontaktdaten der zuständigen Aufsichtsbehörde für Anfragen und Beschwerden

Einzelfallbezogene Informationspflichten in Abhängigkeit von den tatsächlichen Gegebenheiten:

- Kontaktdaten des Datenschutzbeauftragten, sofern einer bestellt ist
- berechtigte Interessen, die mit der Datenverarbeitung verfolgt werden
- Empfänger (Dritte), an die erhobene Daten übermittelt werden
- Absicht, die Daten ins Nicht-EU-Ausland zu übertragen, und der diesbezügliche Rechtsrahmen
- ggf. Verpflichtung zur Bereitstellung der Daten seitens des Betroffenen und Folgen der Nichtbereitstellung
- Einsatz von automatisierten Entscheidungsfindungen, wenn praktiziert
- Einsatz von Tools zur Webseitennutzungsanalyse und deren Funktionsweise bzw. Art der Datenerhebung und -verarbeitung
- Einsatz von Cookies und deren Art, Umfang und Zweck
- Social-Media-Applikationen und deren Art und Zweck, sowie die sich aus der Nutzung für den Betroffenen ergebenden technisch-rechtlichen Implikationen, z. B. Datenübermittlung an den Social Media Provider

Diese Angaben sind nicht abschließend. Es gibt keine für alle Konstellationen einheitlich gültige oder anwendbare Datenschutzerklärung, sondern diese muss auf die tatsächlichen Verhältnisse angepasst sein. Die Erklärung muss in verständlicher Sprache, d. h.

nicht in juristischem oder IT-Kauderwelsch verfasst sein und sollte eine sinnvolle Länge nicht überschreiten. Sofern auf längere Erläuterungen nicht verzichtet werden kann, bietet sich eine Kurzversion mit „anklickbaren" Textfenstern für nähere Ausführungen an.

■ Erweiterte Dokumentations- und Nachweispflichten

Die Dokumentations- und Nachweispflicht für Unternehmen wurde ausgeweitet. Alle personenbezogenen Datenverarbeitungstätigkeiten im Unternehmen müssen sorgfältig dokumentiert und jederzeit auf Verlangen der Datenschutzbehörde vorgelegt werden können. Dazu gehört auch eine Übersicht darüber, welche Mitarbeiter oder externen Dienstleister in welchem Umfang Zugriff auf die Daten haben.

Die DSGVO sieht für Verantwortliche und Auftragsverarbeiter deutlich erweiterte Nachweispflichten vor. Art. 5 Abs. 2 DSGVO schreibt vor, dass der für die Verarbeitung Verantwortliche nachweisen können muss, dass er die in der DSGVO geregelten Datenschutzgrundsätze einhält. Verstößt ein verantwortliches Unternehmen gegen diese Vorgabe, drohen Bußgelder. Auftragsverarbeiter müssen dem Verantwortlichen alle erforderlichen Informationen zur Verfügung stellen, damit der Verantwortliche nachweisen kann, dass er seine in der DSGVO geregelten Pflichten erfüllt.

■ Verarbeitungsverzeichnis

Das Verzeichnis von Verarbeitungstätigkeiten ist eine Dokumentation und Übersicht über Verfahren in einem Unternehmen oder einer Organisation, bei denen personenbezogene Daten verarbeitet werden. Nach der DSGVO muss ein Unternehmen nach Art. 30 DSGVO ein Verzeichnis aller Verarbeitungstätigkeiten von personenbezogenen Daten führen. Dies ist nur eine von mehreren, neuen Vorgaben zur Dokumentationspflicht. Bei der Einhaltung aller gesetzlichen Vorgaben wird das Verzeichnis aber eine tragende Rolle spielen.

■ Kein Verzeichnis = Bußgeld

Eigentlich ist die Pflicht, unter gewissen Voraussetzungen ein Verzeichnis über alle relevanten Verarbeitungstätigkeiten führen zu müssen, nicht neu. Allerdings war ein Verstoß dagegen bisher nicht direkt bußgeldbewehrt. Mit Einführung der DSGVO müssen die Verantwortlichen nun die Verzeichnisse von Verarbeitungstätigkeiten jederzeit und vollständig für die Aufsichtsbehörden vorhalten können, ansonsten droht ein Bußgeld, Art. 83 Abs. 4 a DSGVO. Unabhängig von der abzuwartenden Bußgeldpraxis der Aufsichtsbehörden, bewegt sich der mögliche Rahmen hier bis zu 10 Mio. Euro oder bei Unternehmen bis zu 2 % des Jahresumsatzes, so dass hier in jedem Fall zu entsprechender Vorsorge zu raten sein dürfte.

■ **Neue Pflichten für Kleinstunternehmer**

Für Unternehmen oder Einrichtungen mit weniger als 250 Mitarbeiter gibt es zwar eine gewisse Erleichterung, die allerdings nur selten einschlägig sein dürfte. Demnach sind diese nach Art. 30 Abs. 5 DSGVO von der Führung eines Verzeichnisses befreit, außer

- die vorgenommene Verarbeitung birgt ein Risiko für die Rechte und Freiheiten der betroffenen Personen (z.B. bei Scoring),
- die Verarbeitung erfolgt nicht nur gelegentlich oder
- es erfolgt eine Verarbeitung besonderer Datenkategorien gemäß Artikel 9 Absatz 1 DSGVO (z.B. Gesundheitsdaten) bzw. die Verarbeitung von personenbezogenen Daten über strafrechtliche Verurteilungen und Straftaten im Sinne des Artikels 10 DSGVO.

In erster Linie die Ausnahme von der Ausnahme „die Verarbeitung erfolgt nicht nur gelegentlich" unterwirft die meisten Unternehmen wieder der Pflicht, ein Verzeichnis führen zu müssen. Ganz abgesehen von auftretenden Schwierigkeiten bei der Auslegung, was denn nun nur gelegentlich ist und was nicht, dürfte es bei der Menge von Unternehmen mit weniger als 250 Mitarbeitern Datenverarbeitungsvorgänge geben, die eindeutig regelmäßig erfolgen. Dies bedeutet zusätzlichen bürokratischen Aufwand für Kleinstunternehmer wie etwa Handwerker und kleine Gewerbetreibende, aber auch Arztpraxen und Apotheken. Diese waren nach der bislang geltenden Gesetzeslage regelmäßig nicht verpflichtet, Verfahrensverzeichnisse zu führen, mit Einführung der DSGVO wird sich das ändern.

■ **Inhalt und Verpflichtete**

Der Inhalt der Verzeichnisse für Verarbeitungstätigkeiten wird in Art. 30 DSGVO festgelegt und ähnelt dem der bisherigen Verfahrensverzeichnisse. Demnach müssen die wesentlichen Angaben zur Datenverarbeitung angegeben werden, wie u.a. die Datenkategorien, der Kreis der betroffenen Personen, der Zweck der Verarbeitung und die Datenempfänger. Neu ist, dass neben den verantwortlichen Stellen nun auch die Stellen, die nur im Auftrag der verantwortlichen Stellen Daten verarbeiten (Auftragsdatenverarbeiter), entsprechende Verzeichnisse führen müssen.

4.7 Rechenschaftspflicht

Eine grundlegende Änderung ist die Einführung der Rechenschaftspflicht: Danach sind Unternehmen dazu verpflichtet, die Einhaltung der DSGVO nachzuweisen.

4.8 Datenschutzbeauftragter

■ Stellung und Haftung des Datenschutzbeauftragten

Das Modell Datenschutzbeauftragter ist in Deutschland seit langem bekannt und viele Unternehmen müssen bereits jetzt einen Datenschutzbeauftragten bestellen. Mit Inkrafttreten der DSGVO wird eine solche Pflicht auch erstmals europaweit für Unternehmen, deren Tätigkeit einer besonderen Kontrolle bedarf, eingeführt. Durch Öffnungsklauseln können die Länder zwar nationale Sonderregelungen für die Bestellung eines betrieblichen Datenschutzbeauftragten schaffen. Nichtsdestotrotz gelten daneben die Anforderungen der DSGVO, welche sich an einige Stellen vom Bundesdatenschutzgesetz unterscheiden und daher zwangsläufig eine Veränderung herbeiführen werden.

Die DGSVO enthält eine Öffnungsklausel, die es den Mitgliedstaaten ermöglicht, die Benennungspflicht des Datenschutzbeauftragten weiter zu konkretisieren. Von dieser Option hat der deutsche Gesetzgeber mit § 38 BDSG-neu Gebrauch gemacht. Es besteht nach § 38 BDSG-neu weiterhin eine Pflicht zur Benennung ab 10 Personen, die ständig mit der automatisierten Datenverarbeitung beschäftigt sind. Weiterhin unterliegt der betriebliche Datenschutzbeauftragte dem besonderen Kündigungsschutz, der Verschwiegenheitspflicht und hat Zeugnisverweigerungsrecht.

Zu den Aufgaben des Datenschutzbeauftragten zählen unter anderem: die Unterrichtung und Beratung des Verantwortlichen oder des Auftragsverarbeiters und der Beschäftigten beim Datenschutz, die Überwachung der Einhaltung der DSGVO und anderer Datenschutzvorschriften sowie die Überwachung der Strategien für den Schutz personenbezogener Daten einschließlich der Zuweisung von Zuständigkeiten, Schulungen und Überprüfungen. Zudem berät er auf Anfrage zu der Datenschutz-Folgenabschätzung und der Überwachung ihrer Durchführung, arbeitet mit der Aufsichtsbehörde zusammen und ist deren Ansprechpartner.

Nach § 4 f Abs. 1 Satz 1 BDSG wirkt der Datenschutzbeauftragte auf die Einhaltung der Vorschriften über den Datenschutz hin. Danach hat er derzeit eine beratende und unterstützende Funktion und übernimmt keine Gewähr dafür, dass die verantwortliche Stelle alle datenschutzrechtlichen Standards umsetzt. Anders als nach dem bisherigen Recht sieht Art. 39 Abs. 1 b DSGVO umfassende Überwachungspflichten vor. Diese gehen ihrem Wortlaut nach über ein bloßes „Hinwirken" deutlich hinaus.

■ Datenschutz-Vertreter für Unternehmen

Durch die DSGVO wird ein neues Rechtsinstitut eingeführt: der EU-Vertreter bzw. Vertreter in der Union. Seine Existenz hängt eng mit dem durch die DSGVO neu eingeführten Marktortprinzip zusammen. Alle Unternehmen, die keine Niederlassung in der EU unterhalten, aber Personen in der Union Waren oder Dienstleistungen anbieten oder ihr Verhalten – z. B. durch „Tracking“ oder „Profiling“ – beobachten, müssen grundsätzlich einen EU-Vertreter bestellen. Dieser soll insbesondere als Anlaufstelle und Ansprechpartner für Aufsichtsbehörden und betroffene Personen dienen und stellt damit das Bindeglied zwischen diesen und dem in einem Drittland niedergelassenen datenverarbeitenden Unternehmen dar.

4.9 Datenschutz durch Technik und datenschutzfreundliche Voreinstellungen

Mit der DSGVO werden die Aspekte „Data Protection by Design“ und „Data Protection by Default“ festgeschrieben. Wer personenbezogen Daten verarbeitet oder jedenfalls Systeme dafür bereitstellt, muss schon während der Konzeption der IT-Systeme auf größtmöglichen Schutz achten. Gleiches gilt bei der Anwendungsgestaltung und Nutzerführung, zum Beispiel durch datenschutzgerechte Voreinstellungen.

Art. 25 Abs. 1 DSGVO regelt den Grundsatz „privacy by design“; Abs. 2 die Anforderung „privacy by default“.

Unternehmen müssen ihre IT-Systeme nach Art. 25 Abs. 1 DSGVO grundsätzlich so ausgestalten, dass sie die Datenschutzgrundsätze der DSGVO wirksam umsetzen, insbesondere das Gebot der Datenminimierung. Sie sollen also nur gerade so viele Daten erheben, wie zur Erfüllung des verfolgten Zwecks erforderlich. Zudem sollen IT-Systeme so „voreingestellt“ sein, dass sie grundsätzlich nur solche personenbezogenen Daten verarbeiten, deren Verarbeitung für den jeweils verfolgten Zweck erforderlich ist. Das bedeutet z. B., dass Unternehmen in Online-Formularen auf die Erhebung von Daten verzichten sollten, die für den eigentlichen Verarbeitungszweck nicht unbedingt nötig sind. Maßnahmen zur Umsetzung dieser Anforderungen sollen etwa darin liegen, dass Verantwortliche personenbezogene Daten minimieren und Daten so schnell wie möglich pseudonymisieren. Das Recht auf Datenschutz soll bereits bei der Entwicklung und Ausgestaltung von IT-Produkten, Diensten oder Anwendungen berücksichtigt werden.

4.10 Melde- und Benachrichtigungspflichten bei Datenschutzverletzungen

Die DSGVO sieht in Art. 33 und Art. 34 DSGVO umfassendere Meldepflichten gegenüber der Aufsichtsbehörde sowie Benachrichtigungspflichten gegenüber den betroffenen Personen vor, als die bisherige Regelung in § 42a BDSG dies tut.

Wesentliche Voraussetzung für eine mögliche Melde- beziehungsweise Benachrichtigungspflicht ist eine Datenschutzverletzung. Nach Art. 4 Nr. 12 DSGVO ist eine „Verletzung des Schutzes personenbezogener Daten" eine „Verletzung der Sicherheit, die zur Vernichtung, zum Verlust oder zur Veränderung, ob zufällig oder unrechtmäßig, oder zur unbefugten Weitergabe von beziehungsweise zum unbefugten Zugang zu personenbezogenen Daten führt, die übermittelt, gespeichert oder auf sonstige Weise verarbeitet wurden". Diese Definition ist deutlich weiter als die bislang in § 42a BDSG geregelten Tatbestandsmerkmale.

Grundsätzlich muss das verantwortliche Unternehmen der Aufsichtsbehörde jede Datenschutzverletzung unverzüglich und möglichst innerhalb von 72 Stunden melden, nachdem dem Verantwortlichen die Verletzung bekannt wurde. Ausnahmsweise besteht keine Pflicht zur Meldung bei der Aufsichtsbehörde, wenn die Verletzung voraussichtlich nicht zu einem Risiko für die persönlichen Rechte und Freiheiten der von der Datenschutzverletzung betroffenen Personen führt.

Hat eine Datenschutzverletzung darüber hinaus voraussichtlich ein hohes Risiko für die persönlichen Rechte und Freiheiten betroffener Personen zur Folge, muss der Verantwortliche grundsätzlich die hiervon betroffenen Personen ohne unangemessene Verzögerung benachrichtigen, Art. 34 Abs. 1 DSGVO. Ausnahmsweise kann der Verantwortliche von der Benachrichtigung absehen, wenn er Risiken für die betroffenen Personen durch geeignete technische und organisatorische Sicherheitsvorkehrungen oder durch nachfolgende Maßnahmen ausgeschlossen hat, vgl. Art. 34 Abs. 3 DSGVO. Fehler bei der Umsetzung der Melde- und Benachrichtigungspflichten bei Datenschutzverletzungen werden mit Bußgeldern von bis zu 2 % des Umsatzes geahndet.

4.11 Rolle der Aufsichtsbehörden

Mit der neuen DSGVO ändert sich nicht nur die gesetzliche Ausgestaltung des Datenschutzrechts. Auch Aufgaben, Zuständigkeit und Befugnisse der Aufsichtsbehörden wurden teilweise überarbeitet. Daraus ergeben sich für die praktische Handhabung des Datenschutzes ganz neue Chancen, aber auch Probleme.

4.12 Datenschutz-Folgenabschätzung

Hat eine Datenverarbeitung voraussichtlich hohe Risiken für die persönlichen Rechte und Freiheiten der davon betroffenen Personen zur Folge, so muss der Verantwortliche eine Datenschutz-Folgenabschätzung nach Art. 35 DSGVO durchführen. Hierbei sollen insbesondere Eintrittswahrscheinlichkeit und Schwere möglicher Risiken bewertet werden. Das Unternehmen soll auch Art, Umfang, Umstände, verfolgte Zwecke sowie Ursachen möglicher Risiken bewerten. Dabei soll es auch Maßnahmen, Garantien und Verfahren prüfen, mit denen Unternehmen bestehende Risiken eindämmen und die sonstigen Vorgaben der Verordnung einhalten können. Sofern die Datenschutz-Folgenabschätzung ergibt, dass die geplante Datenverarbeitung tatsächlich ein hohes Risiko zur Folge hätte, muss der Verantwortliche nach Art. 36 DSGVO die zuständige Aufsichtsbehörde zu Rate ziehen, sofern er keine Maßnahmen zur Eindämmung des Risikos trifft.

4.13 Datenschutzmanagementsystem

Neben dem Verzeichnis von Verarbeitungstätigkeiten finden sich in der DSGVO eine Vielzahl von Normen, die eine Dokumentierung der getroffenen Datenschutzmaßnahmen fordern. Daneben schafft die DSGVO weitere Prozesse, die etabliert, und Aufgaben die wahrgenommen werden müssen. Daher bietet sich ein Datenschutzmanagementsystem an, um die Einhaltung aller Vorgaben systematisch zu planen, umzusetzen und laufend zu kontrollieren. Unternehmen die ein gutes Datenschutzmanagement haben und Verfahrensverzeichnisse führen, wird die Umstellung auf die Maßgaben der DSGVO leichter fallen. Es sollte z. B. in diesen Fällen geprüft werden, inwieweit die bisher geführten Verfahrensverzeichnisse die inhaltlichen Anforderungen des Art. 30 DSGVO erfüllen und ggf. entsprechend ergänzt werden müssen.

Bei fehlender Datenschutzdokumentation muss zunächst ermittelt werden, in welchen Fällen personenbezogene Daten von z. B. Kunden, Lieferanten oder Beschäftigten erhoben und verarbeitet werden. Hierzu bietet es sich als erster Anhaltspunkt an, alle innerhalb der Systemlandschaft des Unternehmens eingesetzten Anwendungen und Tools aufzulisten, in denen personenbezogene Daten gespeichert werden. Dies hilft gleichsam bei der Ermittlung der Datenflüsse im Unternehmen und kann auch als Grundlage für das Verzeichnis von Verarbeitungstätigkeiten dienen. Dieses wird in der Praxis zwecks Übersichtlichkeit meist aus mehreren Teilverzeichnissen für verschiedene Verarbeitungsvorgänge (z. B. Zeiterfassungssystem, CRM-System, HR-Informationssystem) bestehen.

4.14 Besondere Anwendungssituationen

4.14.1 Datenschutz bei Markt-, Meinungs- und Sozialforschung

In der Markt-, Meinungs- und Sozialforschung ist die Erhebung personenbezogener Daten bei den betroffenen Personen bei der Durchführung von Studien die Regel, wenn man die Erhebung des sogenannten Haushaltskontextes der Teilnehmer berücksichtigt. Die Erhebung des Haushaltskontextes stellvertretend bei einer Person ist eine forschungspraktische Notwendigkeit, denn die Erhebung der für die statistischen Auswertungen relevanten soziodemographischen und sozioökonomischen Merkmale aller Haushaltsmitglieder – also des Haushaltskontextes – direkt bei den jeweils betroffenen Personen wäre sowohl für diese als auch für das Forschungsinstitut mit einem unverhältnismäßigen Aufwand verbunden. Auch die entsprechende Information aller im Haushalt lebender Personen über die Ermittlung des Haushaltskontextes bzw. über die Erhebung der entsprechenden personenbezogenen Daten wäre mit einem unverhältnismäßigen Aufwand verbunden und ist deshalb aus forschungspraktischen Gründen nicht möglich. Die in diesem Fall vorgeschriebenen Maßnahmen zum Schutz der betroffenen Personen sind in den Grundprinzipien des berufsständischen Verhaltens der Verbände der deutschen Markt-, Meinungs- und Sozialforschung als „Anonymisierungsgebot" und „Trennungsgebot" kodifiziert. Sie schützen alle natürlichen Personen, deren personenbezogene Daten für eine Studie verarbeitet werden, gleichgültig, ob die Erhebung der Daten direkt bei den betroffenen Personen oder nicht bei ihnen selbst erfolgt.

Die Besonderheiten der Markt-, Meinungs- und Sozialforschung sind:

- Erhebung einer Vielzahl personenbezogener Daten bei identifizierbaren Personen, auch sensible Daten
- deshalb: Erhöhte Anforderungen im Datenschutzrecht sowie berufsständische Verhaltensregeln (VMÖ, ADM, BVM, Esomar) und ISO 20252
- basiert auf wissenschaftlich-methodischem Vorgehen
- trifft keine Aussage über Einzelpersonen, sondern zum Verhalten von Gesellschaftsgruppen
- ist anonym – Personenbezogene Daten der Teilnehmer werden nicht an den Auftraggeber weitergegeben.
- muss Daten so schnell wie möglich pseudonymisieren
- unterliegt strengem Zweckbindungsgrundsatz – Bei Marktforschung gewonnene personenbezogene Daten dürfen **nicht** zu Werbe- und Marketingzwecken verwendet werden.

Unter dem alten BDSG galt in Bezug auf die Einwilligung bzw. Zulässigkeit:

- auf Basis einer Einwilligung oder auf Rechtsgrundlage zulässig
- Einwilligung als Grundlage nicht immer ausreichend, da sie Teilnehmerkreis auf Personen beschränkt, zu denen bereits Kontakt bestand und die zuvor eingewilligt haben.

BEISPIEL

DE (§ 30a BDSG):
Marktforschung ist auch ohne Einwilligung zulässig, wenn kein Grund zur Annahme besteht, dass ein Betroffener ein schutzwürdiges Interesse am Ausschluss der Erhebung, Verarbeitung, Nutzung hat oder die personenbezogenen Daten aus allgemein zugänglichen Quellen entnommen werden können oder die verantwortliche Stelle die Daten ohnehin veröffentlichen dürfte. Berufliche Verhaltensregelungen und ISO-Normen teilweise strenger.

Mit Inkrafttreten der DSGVO und dem damit verbundenen Wegfall des bisherigen „Privilegienparagrafen“ 30a des alten BDSG ergibt sich bis auf Weiteres ein geänderter datenschutzrechtlicher Rahmen für die Markt-, Meinungs- und Sozialforschung.

Jetzt gilt:

- in DSGVO keine Spezialnorm für Markt-, Meinungs- und Sozialforschung (Erlaubnistatbestände, Pseudonymisierung, Anonymisierung, Zweckbindung für Marktforschung nicht explizit geregelt)
- deshalb: Marktforschungsprojekte künftig nach den allgemeinen Grundsätzen der DSGVO zu beurteilen

Mögliche Erlaubnistatbestände:

- Einwilligung (Art. 6 Abs. 1 Lit. a DSGVO) oder
- berechtigtes Interesse des Auftraggebers (Art. 6 Abs. 1 Lit. f DSGVO) oder
- Marktforschung mit Gesundheitsdaten (Art. 9 DSGVO)

Die Markt-, Meinungs- und Sozialforschung muss Vorkehrungen treffen, um als wissenschaftliche Forschung i. S. d. Art. 89 Abs. 1 DSGVO wahrgenommen zu werden und damit verbundene datenschutzrechtliche Erleichterungen in Anspruch nehmen zu können:

- Daten könnten für Sekundärzwecke genutzt werden (Art. 5 Lit. b DSGVO).

Eine Weiterverarbeitung für im öffentlichen Interesse liegende Archivzwecke, für wissenschaftliche oder historische Forschungszwecke oder für statistische Zwecke gilt gemäß Artikel 89 Absatz 1 nicht als unvereinbar mit den ursprünglichen Zwecken:

- Daten können auch nach Zweckerreichung gespeichert werden (Art. 5 Lit. e DSGVO).

Personenbezogene Daten dürfen länger gespeichert werden, soweit sie, vorbehaltlich der Durchführung geeigneter technischer und organisatorischer Maßnahmen, ausschließlich für im öffentlichen Interesse liegende Archivzwecke oder für wissenschaftliche und historische Forschungszwecke oder für statistische Zwecke verarbeitet werden:

- Von Betroffenenrechten können Ausnahmen gemacht werden (Art. 89 Abs. 2 DSGVO).

Werden personenbezogene Daten zu wissenschaftlichen oder historischen Forschungszwecken oder zu statistischen Zwecken verarbeitet, dann gelten in der DSGVO Ausnahmen von Betroffenenrechten, wenn diese sonst die Verwirklichung der spezifischen Zwecke unmöglich machen oder ernsthaft beeinträchtigen und solche Ausnahmen für die Erfüllung des Forschungszweckes notwendig sind.

Vor diesem Hintergrund sind diese Aspekte für die Markt-, Meinungs- und Sozialforschung künftig von noch größerer Bedeutung:

- Trennungsgebot
- Pseudonymisierung
- Anonymisierung
- Strengere berufsrechtliche Reglungen
- Einhaltung von Qualitätsnormen (ISO 20252) und deren Zertifizierung

4.14.2 Datenverarbeitung von Kindern und Jugendlichen

Der Kinder- und Jugendschutz nimmt in der DSGVO eine wichtige Rolle ein. So findet sich in der Verordnung z. B. erstmals eine ausdrückliche gesetzliche Regelung zu Anforderungen an die Rechtmäßigkeit der Einwilligung von Kindern. Ebenso beziehen sich zahlreiche weitere Normen und Erwägungsgründe explizit auf Kinder und Jugendliche.

4.14.3 Webseiten

Webseitenbetreiber müssen eine Vielzahl an Vorschriften beachten. Regelungen zur Webseiten-Compliance finden sich u. a. im Telemediengesetz (TMG), insbesondere in Bezug auf die Pflichten des Diensteanbieters. Die DSGVO wird zwangsläufig Auswirkungen auf die aktuellen Anforderungen an Webseiten-Compliance haben.

4.14.4 Videoüberwachung

Mit der Anwendbarkeit der DSGVO ändert sich auch die Zulässigkeit von Videoüberwachung. Eine ausdrückliche Regelung zur Zulässigkeit von Videoüberwachung ist dort nicht enthalten. Lediglich in dem Artikel zur Notwendigkeit einer „Datenschutz-Folgenabschätzung" wird das Thema Videoüberwachung erwähnt.

5 Praktische Umsetzung der DSGVO

5.1 Darauf kommt es an

An den Verantwortlichen gerichtet:

- Sie müssen Personen (z. B. Kunden) umfassend und proaktiv darüber unterrichten, dass deren personenbezogene Daten bei Ihnen verarbeitet werden.
- Unternehmen, in denen mehr als neun Personen mit der Verarbeitung personenbezogener Daten beschäftigt sind, müssen einen Datenschutzbeauftragten benennen.
- Sie sind auskunftspflichtig, wenn ein Betroffener Einsicht in seine in Ihrem Unternehmen gespeicherten Daten nehmen will.
- Verstöße müssen unverzüglich und ohne unangemessene Verzögerung binnen 72 Stunden, nachdem die Verletzung bekannt wurde, gemeldet werden – auch dem Betroffenen selbst (dies hängt von der Tragweite der Datenpanne ab).
- Sie sind in der Pflicht, eine Datenschutz-Folgenabschätzung durchzuführen. Stellen Sie sich hier die folgenden Fragen: Wie risikoreich ist eine Datenverarbeitung in diesem oder jenen Fall hinsichtlich der Rechte des Betroffenen? Können wir gewährleisten, dass Betroffenenrechte nicht verletzt werden?
- Sobald personenbezogene Daten nicht mehr benötigt werden, sind Sie verpflichtet, diese zu löschen (Recht auf „Vergessenwerden“).
- Verwenden Sie bei der Einholung von Einwilligungen keine datenschutzwidrigen Voreinstellungen. Der Betroffene muss selbst sein „Kreuzchen“ machen können.
- Sammeln Sie so wenig Daten wie möglich. Denken Sie an die Zweckbindung.
- Klassifizieren Sie Ihr Datenmaterial, und verschaffen Sie sich einen Überblick, wo, wie und in welchem Umfang personenbezogene Daten gespeichert sind.

5.2 Analyse des Ist-Zustandes und Ermittlung des Anpassungsbedarfs

Prüfkriterienübersicht:

- ▶ Wurde für die Anpassung an die DSGVO unternehmensintern eine zuständige Personen (intern/extern) benannt?
- ▶ Wurde für Anpassung an die DSGVO eine Zeit- und Budget-Planung für die Umsetzung erstellt?

- Welche Datenverarbeitungs-Anwendungen bestehen im Unternehmen und welche personenbezogenen Daten werden verarbeitet?
- Was sind die Zwecke meiner Datenverarbeitungen?
- Welche Datenübermittlung in das (Nicht-EU-)Ausland findet statt?
- Ist die Verarbeitung der personenbezogener Daten zulässig?
- Was ist die Rechtsgrundlage der Datenverarbeitung?
- Liegen Einwilligungen der Betroffenen vor?
- Welche sensiblen Daten werden verarbeitet?
- Werden Kindern Dienste angeboten?
- Wie werden die Gebote der Datensparsamkeit, Datenrichtigkeit und Datensicherheit umgesetzt?
- Sind AGBs, Datenschutzerklärungen, Impressum, laufende Verträge, Webseiteneinstellungen im Sinne der DSGVO rechtmäßig?
- Gibt es eine Datenschutzerklärung und ist diese DSGVO-konform?
- Wer hat im Unternehmen Zugriff auf personenbezogene Daten und warum?
- Was passiert mit aufzubewahrenden Daten?
- Gibt es für jede Verarbeitungstätigkeit Nachweise, um die Rechtmäßigkeit seiner Verarbeitung nachweisen zu können?
- Ist sichergestellt, dass die Meldung von Verletzungen des Schutzes personenbezogener Daten innerhalb von 72 Stunden nach Bekanntwerden an die Aufsichtsbehörde möglich ist?
- Gibt es ein Verfahren, um Anträgen von betroffenen Personen auf Auskunft zu den über sie gespeicherten Informationen nachkommen zu können?
- Wie stehen aktuelle Maßnahmen (Richtlinien, Prozesse, Dokumentationen) zum neuen Gesetz?
- Welche Maßnahmen zur Datensicherung gibt es bereits im Unternehmen?
- Verfügt das Unternehmen über einen betrieblichen Datenschutzbeauftragten?
- Wie werden Daten DSGVO-konform gelöscht und der Löschvorgang korrekt protokolliert?
- Wurden Mitarbeiter und Lieferanten darüber informiert, wie sie mit datenschutzrechtlich relevanten Informationen im Rahmen der DSGVO umgehen?

- Sind die Einwilligungserklärungen für Kunden an die Anforderungen der DSGVO bereits angepasst worden?
- Gibt es für jede Verarbeitungstätigkeit Nachweise, um die Rechtmäßigkeit der Verarbeitung nachweisen zu können?

5.3 Verarbeitung personenbezogener Daten

5.3.1 Zulässigkeitsvoraussetzungen

- Wann ist die Verarbeitung personenbezogener Daten rechtmäßig?

Die Verarbeitung personenbezogener Daten ist, sofern es sich nicht um „sensible Daten“ (= besondere Kategorie von personenbezogenen Daten) handelt, rechtmäßig, wenn mindestens eine der folgenden Bedingungen erfüllt ist:

- **Einwilligung**

Die betroffene Person hat ihre Einwilligung zur Verarbeitung der sie betreffenden personenbezogenen Daten für einen oder mehrere bestimmte Zwecke gegeben. Die Einwilligung muss durch eine eindeutige bestätigende Handlung erfolgen, mit der freiwillig, für den konkreten Fall, in informierter Weise und unmissverständlich bekundet wird, dass die betroffene Person mit der Verarbeitung der sie betreffenden personenbezogenen Daten einverstanden ist. Diese Einwilligung kann schriftlich, elektronisch oder auch mündlich erfolgen, etwa auch durch Anklicken eines Kästchens auf einer Internetseite, durch die Auswahl technischer Einstellungen für Dienste der Informationsgesellschaft oder andere Erklärungen oder Verhaltensweisen, die im jeweiligen Kontext eindeutig das Einverständnis der betroffenen Person zur Datenverarbeitung signalisieren. Stillschweigen, bereits vorangekreuzte Kästchen oder Untätigkeit können keine Einwilligung darstellen. Wenn die Verarbeitung mehreren Zwecken dient, ist für jeden Zweck der Verarbeitung eine gesonderte Einwilligung nötig. Für die Zulässigkeit der Verarbeitung „sensibler Daten“ ist eine „ausdrückliche Einwilligung“ erforderlich. Die Einwilligung eines Kindes, die sich auf ein Angebot von Diensten der Informationsgesellschaft, die einem Kind direkt gemacht werden, bezieht, ist nach der DSGVO nur rechtmäßig, wenn das Kind das sechzehnte Lebensjahr vollendet hat. Die Mitgliedstaaten können eine niedrigere Altersgrenze vorsehen, die jedoch nicht unter dem dreizehnten Lebensjahr liegen darf.

- **Rechtliche bzw. gesetzliche Erlaubnistatbestände**

- Die Verarbeitung ist für die Erfüllung eines Vertrages, dessen Vertragspartei die betroffene Person ist, oder zur Durchführung vorvertraglicher Maßnahmen erforderlich, die auf Anfrage der betroffenen Person erfolgen.

- Die Verarbeitung ist zur Erfüllung einer rechtlichen Verpflichtung erforderlich, der der Verantwortliche unterliegt.
- Die Verarbeitung ist erforderlich, um lebenswichtige Interessen der betroffenen Person oder einer anderen natürlichen Person zu schützen.
- Die Verarbeitung ist für die Wahrnehmung einer Aufgabe erforderlich, die im öffentlichen Interesse oder in Ausübung öffentlicher Gewalt erfolgt, die dem Verantwortlichen übertragen wurde.
- Die Verantwortung ist zur Wahrung der berechtigten Interessen des Verantwortlichen oder eines Dritten erforderlich, sofern nicht die Interessen oder Grundrechte und Grundfreiheiten der betroffenen Person, die den Schutz personenbezogener Daten erfordern, überwiegen (dies insbesondere dann, wenn es sich bei der betroffenen Person um ein Kind handelt).

5.3.2 Zweckbindung

▶ Unter welchen Voraussetzungen ist eine Weiterverarbeitung für einen anderen Zweck zulässig?

BEISPIEL

Kundendaten, die für eine Vertragsabwicklung erhoben wurden, sollen für Marketingzwecke verwendet werden.

Ohne Rücksicht auf die Vereinbarkeit der Zwecke der Verarbeitung ist eine Weiterverarbeitung ausschließlich zulässig, wenn:

- eine Einwilligung dafür vorliegt, oder
- eine gesetzliche Grundlage die Weiterverarbeitung vorsieht.

In allen sonstigen Fällen muss die Weiterverarbeitung mit den Zwecken, für die die personenbezogenen Daten ursprünglich erhoben worden sind, vereinbar sein. Um diese Vereinbarkeit festzustellen ist Folgendes zu berücksichtigen:

- jede Verbindung zwischen den ursprünglichen und neu beabsichtigten Zwecken
- der Zusammenhang, in dem die Daten erhoben wurden
- die Art der Daten (insbesondere ob sensible oder strafrechtlich relevante Daten vorliegen)
- mögliche Folgen der Weiterverarbeitung für betroffene Personen
- das Vorhandensein angemessener Garantien (z. B. Pseudonymisierung)

Liegt eine solche Vereinbarkeit mit den ursprünglichen Zwecken vor, ist keine andere gesonderte Rechtsgrundlage erforderlich, als diejenige für die Erhebung der personenbezogenen Daten.

Die Weiterverarbeitung für im öffentlichen Interesse liegende Archivzwecke, für wissenschaftliche oder historische Forschungszwecke oder für statistische Zwecke gilt als vereinbarer und rechtmäßiger Verarbeitungsvorgang.

Beabsichtigt der Verantwortliche, die personenbezogenen Daten für einen anderen Zweck weiterzuverarbeiten, so muss er der betroffenen Person vor dieser Weiterverarbeitung Informationen über diesen anderen Zweck und alle anderen maßgeblichen Informationen zur Verfügung stellen.

5.3.3 Verarbeitung von „sensiblen Daten"

Die Verarbeitung von „sensiblen Daten" ist untersagt. Dieses Verbot gilt ausschließlich in folgenden Fällen nicht (d. h. die Verarbeitung sensibler Daten ist in folgenden Fällen zulässig):

- Vorliegen einer ausdrücklichen Einwilligung
- Ausübung von Rechten aus dem Arbeitsrecht, dem Recht der sozialen Sicherheit und des Sozialschutzes
- Schutz lebenswichtiger Interessen der betroffenen Person oder einer anderen natürlichen Person (und die betroffene Person ist aus körperlichen oder rechtlichen Gründen außerstande, ihre Einwilligung zu geben)
- Datenverarbeitung durch eine politische, weltanschaulich, religiös oder gewerkschaftlich ausgerichtete Stiftung, Vereinigung oder sonstige Organisation ohne Gewinnerzielungsabsicht im Rahmen ihrer rechtmäßigen Tätigkeit auf der Grundlage geeigneter Garantien
- die personenbezogenen Daten wurden durch die betroffene Person offensichtlich öffentlich gemacht
- zur Geltendmachung, Ausübung oder Verteidigung von Rechtsansprüchen oder bei Handlungen der Gerichte im Rahmen ihrer justiziellen Tätigkeit
- aufgrund eines erheblichen öffentlichen Interesses auf der Grundlage des Unionsrechts oder des Rechts eines Mitgliedstaats
- Gesundheitsvorsorge, Arbeitsmedizin, medizinische Diagnostik, Versorgung oder Behandlung im Gesundheits- oder Sozialbereich oder für die Verwaltung von Systemen und Diensten im Gesundheits- oder Sozialbereich (auf der Grundlage des Unionsrechts oder des Rechts eines Mitgliedstaates oder eines Vertrages mit einem Angehörigen eines Gesundheitsberufs)

– aus Gründen des öffentlichen Interesses im Bereich der öffentlichen Gesundheit, im öffentlichen Interesse liegende Archivzwecke, für wissenschaftliche oder historische Forschungszwecke oder für statistische Zwecke (auf der Grundlage des Unionsrechts oder des Rechts eines Mitgliedstaates).

Für die Verarbeitung von genetischen, biometrischen oder Gesundheitsdaten sind die Mitgliedstaaten befugt, zusätzliche Bedingungen, einschließlich Beschränkungen, einzuführen oder aufrechtzuerhalten.

5.3.4 Verarbeitung personenbezogener Daten über strafrechtliche Verurteilungen und Straftaten

Die Verarbeitung personenbezogener Daten über strafrechtliche Verurteilungen und Straftaten darf nach der DSGVO nur unter behördlicher Aufsicht vorgenommen werden oder wenn dies nach dem Unionsrecht oder dem Recht der Mitgliedstaaten zulässig ist.

5.3.5 Profiling

Darunter versteht die DSGVO jede Art der automatisierten Verarbeitung personenbezogener Daten, die darin besteht, dass diese personenbezogenen Daten verwendet werden, um bestimmte persönliche Aspekte, die sich auf eine natürliche Person beziehen, zu bewerten, insbesondere um Aspekte bezüglich Arbeitsleistung, wirtschaftliche Lage, Gesundheit, persönliche Vorlieben, Interessen, Zuverlässigkeit, Verhalten, Aufenthaltsort oder Ortswechsel dieser natürlichen Person zu analysieren oder vorherzusagen. Das Profiling unterliegt den Vorschriften der DSGVO, wie etwa hinsichtlich Rechtsgrundlage für die Verarbeitung, Datenschutzgrundsätzen, Informations- und Auskunftspflichten und besonderen Regeln, wenn damit eine automatische Generierung von Einzelentscheidungen verbunden ist.

BEISPIEL

Automatisierte Analyse der Kreditwürdigkeit eines Kunden

5.3.6 Auftragsdatenverarbeitung

- Werden Auftragsverarbeiter herangezogen?
- Gibt es schriftliche Vereinbarungen für die Auftragsverarbeitung?
- Weist der Auftragsverarbeiter die erforderliche Zuverlässigkeit auf?

Mit der DSGVO wird der Begriff des „Auftragsverarbeiters" definiert als eine natürliche oder juristische Person, Behörde, Einrichtung oder andere Stelle, die personenbezogene Daten im Auftrag des Verantwortlichen verarbeitet. Erfolgt eine Verarbeitung im Auftrag eines Verantwortlichen, so arbeitet dieser nur mit Auftragsverarbeitern, die hinreichend Garantien dafür bieten, dass geeignete technische und organisatorische Maßnahmen so durchgeführt werden, dass die Verarbeitung im Einklang mit den Anforderungen dieser Verordnung erfolgt und den Schutz der Rechte der betroffenen Person gewährleistet.

Der Verantwortliche muss sicherstellen und den Nachweis erbringen können, dass die Verarbeitung entsprechend der DSGVO erfolgt. Den Verantwortlichen treffen Informationspflichten bei Erhebung von personenbezogenen Daten und er ist Adressat der Betroffenenrechte (vor allem Auskunftsrecht, Recht auf Berichtigung, Recht auf Löschung – „Recht auf Vergessenwerden", Recht auf Einschränkung der Verarbeitung, Recht auf Datenübertragbarkeit, Widerspruchsrecht).

Es dürfen nur solche Auftragsverarbeiter herangezogen werden, die (insbesondere im Hinblick auf Fachwissen, Zuverlässigkeit und Ressourcen) hinreichende Garantien dafür bieten, dass technische und organisatorische Maßnahmen getroffen werden, die den Anforderungen der DSGVO genügen.

■ Pflichten des Auftragsdatenverarbeiters

Der Auftragsverarbeiter muss Datensicherheitsmaßnahmen implementieren. Jeder Auftragsverarbeiter (und seine Vertreter) führen ein Verzeichnis zu allen Kategorien von im Auftrag eines Verantwortlichen durchgeführten Tätigkeiten der Verarbeitung. Er ist verpflichtet, mit der Aufsichtsbehörde auf Anfrage zusammenzuarbeiten. Der Auftragsverarbeiter hat Risikoanalysen der Datenanwendungen durchzuführen und den Verantwortlichen bei Erfüllung seiner Pflichten nach der DSGVO zu unterstützen.

■ Sub-Auftragsverarbeiter

Der Auftragsverarbeiter darf keinen weiteren Auftragsverarbeiter (Subunternehmer) ohne vorherige schriftliche Genehmigung des Verantwortlichen beauftragen. Liegt nur eine allgemeine schriftliche Genehmigung vor, muss der Auftragsverarbeiter den Verantwortlichen über jede beabsichtigte Änderung in Bezug auf die Hinzuziehung oder die Ersetzung anderer Auftragsverarbeiter informieren. Der Verantwortliche hat die Möglichkeit, gegen derartige Änderungen Einspruch zu erheben.

■ Vertragliche Bindung

Die Verarbeitung durch einen Auftragsverarbeiter erfolgt auf der Grundlage eines Vertrags. Dieser kann auf Standardvertragsklauseln beruhen, welche entweder die Europäische Kommission oder die Aufsichtsbehörde festlegen kann. Der Vertrag ist schriftlich abzuschließen, wobei elektronisch auch als schriftlich gilt, und hat Folgendes zu beinhalten:

- Bindung an den Verantwortlichen,
- Gegenstand und Dauer der Verarbeitung,
- Art und Zweck der Verarbeitung,
- die Art der personenbezogenen Daten,
- die Kategorien betroffener Personen und
- die Pflichten und Rechte des Verantwortlichen.

Der Vertrag muss insbesondere vorsehen, dass der Auftragsverarbeiter:

- die personenbezogenen Daten nur auf dokumentierte Weisung des Verantwortlichen verarbeitet (auch bei Übermittlung an ein Drittland oder eine internationale Organisation), sofern er nicht durch das Recht der Union oder der Mitgliedstaaten, dem der Auftragsverarbeiter unterliegt, hierzu verpflichtet ist; in einem solchen Fall teilt der Auftragsverarbeiter dem Verantwortlichen diese rechtlichen Anforderungen vor der Verarbeitung mit, sofern das betreffende Recht eine solche Mitteilung nicht wegen eines wichtigen öffentlichen Interesses verbietet,
- gewährleistet, dass sich die zur Verarbeitung der personenbezogenen Daten befugten Personen zur Vertraulichkeit verpflichtet haben oder einer angemessenen gesetzlichen Verschwiegenheitspflicht unterliegen,
- alle erforderlichen Sicherheitsmaßnahmen ergreift,
- eine vorherige schriftliche Genehmigung des Verantwortlichen für die Inanspruchnahme der Dienste eines weiteren Auftragsverarbeiters (Sub-Auftragsverarbeiter) einhält,
- den Verantwortlichen bei der Beantwortung von Anträgen von Betroffenen unterstützt (unter Berücksichtigung der Art der Verarbeitung und der ihm zur Verfügung stehenden Informationen),
- den Verantwortlichen bei der Einhaltung der Sicherheitsmaßnahmen und Meldeverpflichtungen unterstützt (unter Berücksichtigung der Art der Verarbeitung und der ihm zur Verfügung stehenden Informationen),
- nach Vertragserfüllung alle personenbezogenen Daten nach Wahl des Verantwortlichen entweder löscht oder zurückgibt (sofern keine anderweitige gesetzliche Verpflichtung besteht),
- dem Verantwortlichen alle erforderlichen Informationen zum Nachweis der Pflichtgemäßheit zur Verfügung stellt und Überprüfungen durch den Verantwortlichen ermöglicht und dazu beiträgt.

- **Warnpflicht**

Der Auftragsverarbeiter unterliegt einer besonderen Warnpflicht, d. h. er hat den Verantwortlichen unverzüglich zu informieren, falls er der Auffassung ist, dass eine Weisung gegen Datenschutzrecht verstößt.

- **Verarbeitung unter der Aufsicht des Verantwortlichen oder des Auftragsverarbeiters**

Der Auftragsverarbeiter und jede dem Verantwortlichen oder dem Auftragsverarbeiter unterstellte Person, die Zugang zu personenbezogenen Daten hat, dürfen diese Daten nur auf Weisung des Verantwortlichen verarbeiten, es sei denn, dass sie aufgrund einer gesetzlichen Vorschrift zur Verarbeitung verpflichtet sind.

- **Vertreter von nicht in der Union niedergelassenen Auftragsverarbeitern**

Für Auftragsverarbeiter, deren Sitz sich außerhalb der Europäischen Union befindet, die sich aber dennoch im Geltungsbereich der DSGVO befinden, benennt der Auftragsverarbeiter schriftlich einen Vertreter. Dieser Vertreter muss in einem der Mitgliedstaaten niedergelassen sein, in denen die betroffenen Personen, deren personenbezogene Daten im Zusammenhang mit den ihnen angebotenen Waren oder Dienstleistungen verarbeitet werden oder deren Verhalten beobachtet wird, sich befinden. Der Vertreter fungiert zusätzlich oder an Stelle des Auftragsverarbeiters als Anlaufstelle insbesondere für Aufsichtsbehörden und Betroffene.

Ausnahmen von der Pflicht zur Benennung eines Vertreters bestehen nur bei:

- einer Verarbeitung, die gelegentlich erfolgt, keine umfangreiche Verarbeitung besonderer Datenkategorien („sensible Daten") oder umfangreiche Verarbeitung von personenbezogenen Daten über strafrechtliche Verurteilungen und Straftaten einschließt und unter Berücksichtigung der Art, der Umstände, des Umfangs und der Zwecke der Verarbeitung voraussichtlich zu keinem Risiko für die Rechte und Freiheiten natürlicher Personen führt, oder
- Behörden oder öffentlichen Stellen.

Der Auftragsverarbeiter haftet weiterhin selbst.

- **Haftung**

Betroffene Personen haben neben Rechtsbehelfen auch Rechtsansprüche gegen einen Auftragsverarbeiter, wenn er eine Rechtsverletzung begeht.

Betroffene Personen können auf materiellen oder immateriellen Schadenersatz klagen. Jeder an einer Verarbeitung Beteiligte haftet für den Schaden, der durch eine unrechtmäßige Verarbeitung verursacht wurde. Die Haftung entfällt, wenn die fehlende Verantwortung für den Umstand, durch den der Schaden eingetreten ist, nachgewiesen werden kann.

Ist mehr als ein Auftragsverarbeiter oder sowohl ein Verantwortlicher als auch ein Auftragsverarbeiter an derselben Verarbeitung beteiligt und sind sie für einen Schaden verantwortlich, haftet jeder Auftragsverarbeiter oder der Verantwortliche für den gesamten Schaden. Es ist jedoch möglich, von den übrigen an derselben Verarbeitung Beteiligten den Teil des Schadenersatzes zurückzufordern, der ihrem Anteil an der Verantwortung für den Schaden entspricht, also Regress zu nehmen.

5.3.7 Webseiten und Webshops

Werden auf der Unternehmenswebseite personenbezogene Daten verarbeitet (insbesondere Erheben, Erfassen, Speichern, Auslesen, Abfragen, Verwenden, Ändern, Abgleichen, Übermitteln, Bereitstellen, Verknüpfen), gilt die DSGVO analog. Die IP-Adresse gilt als personenbezogenes Datum.

▶ Wann ist eine Datenverarbeitung „rechtmäßig“?

Sowohl nach der derzeitigen Rechtslage als auch künftig dürfen personenbezogene Daten von Nutzern/Kunden/Webseiten-Besuchern (die DSGVO spricht von „Betroffenen“) nur dann verarbeitet werden, wenn die Verarbeitung „rechtmäßig“ ist. Eine Datenverarbeitung ist dann rechtmäßig, wenn einer der folgenden Punkte vorliegt:

- **Die Verarbeitung ist zur Erfüllung des Vertrages unmittelbar notwendig (z.B. zur Abwicklung eines Online-Kaufes; Marketing nach dem Kauf ist aber bereits nicht mehr zur Vertragserfüllung notwendig). Es dürfen auch nicht mehr Daten als unbedingt erforderlich erhoben werden.**

BEISPIEL

Für die Zustellung der Bestellung im Webshop wird die Zusendeadresse erhoben. Diese muss für die Vertragserfüllung gespeichert und verarbeitet werden. Dies ist zulässig. Das bedeutet aber noch nicht automatisch, dass diese Adresse auch für die Zusendung von Werbematerial verwendet werden darf.

- **Es besteht ein berechtigtes Interesse des Verantwortlichen (des Datenverarbeiters), sofern nicht die Interessen des Betroffenen überwiegen (vom Datenverarbeiter vorzunehmende Interessenabwägung). Nach Erwägungsgrund 47 zur DSGVO kann Direktwerbung als ein berechtigtes Interesse betrachtet werden.**

BEISPIEL

Die Zusendung von Werbematerial per Post (per E-Mail bestehen Sondervorschriften; hier ist in der Regel eine vorherige Einwilligung notwendig) könnte als berechtigtes Interesse des Webshopbetreibers gesehen werden.

- **Einwilligung des Betroffenen für einen oder mehrere genau bezeichnete und bestimmte Zwecke**

BEISPIEL

Der Besucher einer Webseite willigt ausdrücklich ein, vom Unternehmen X E-Mail-Newsletter zu erhalten.

- **Erfüllung einer rechtlichen bzw. gesetzlichen Verpflichtung des Datenverarbeiters**

BEISPIEL

Steuerrechtliche oder sozialversicherungsrechtliche Pflichten

- **Erfüllung einer Aufgabe im öffentlichen Interesse**

In Zweifelsfällen wird in der Praxis auch im Bereich des „berechtigten Interesses“ oft mit einer Einwilligung (z. B. mittels Ankreuzkästchen) gearbeitet werden müssen.

Wenn in einem Webshop ausschließlich Daten verarbeitet werden, die zur Vertragsabwicklung notwendig sind und die Daten auch ausschließlich zur Vertragsabwicklung verwendet werden, kann eine Einwilligung entfallen. Informationspflichten (siehe unten) gibt es aber auch in diesem Fall.

Bei sensiblen Daten (ethnische Herkunft; politische, religiöse oder weltanschauliche Überzeugung; Gewerkschaftszugehörigkeit; genetische Daten; biometrische Daten; sexuelle Ausrichtung) ist eine ausdrückliche Erklärung (aktives Ankreuzen einer Checkbox) notwendig.

▶ Wie sieht eine gültige Einwilligung aus?

Um gültig zu sein, muss eine Einwilligung folgende Kriterien erfüllen:

- freiwillig
- in informierter Weise und unmissverständlich (dies ergibt sich aus den Erläuterungen – „Erwägungsgründen“ – der DSGVO)

- nachweisbar
- inhaltlich und optisch von anderen Erklärungen oder Texten abgegrenzt (nicht in AGB versteckt und nicht mit anderen Erklärungen gekoppelt; dieses sogenannte „Koppelungsverbot“ bedeutet in der Praxis: im Zweifel für jede Datenanwendung eine eigene Checkbox, die aktiv angekreuzt werden muss)
- in verständlicher, leicht zugänglicher Form; in klarer und einfacher Sprache
- jederzeit widerrufbar

Aus dem Kriterium, dass die Einwilligung „in informierter Weise und unmissverständlich“ erfolgen muss, kann abgeleitet werden, dass vor bzw. im Zuge der Einwilligungserklärung die Informationspflichten zur Kenntnis gebracht werden müssen. Das Koppelungsverbot bedeutet: Eine Einwilligung ist unzulässig, wenn die Erfüllung eines Vertrages, einschließlich der Erbringung einer Dienstleistung, von der Einwilligung abhängig ist, obwohl diese Einwilligung für die Erfüllung des Vertrages nicht erforderlich ist.

BEISPIEL

Die Webseite/der Webshop muss auch ohne Datenauswertung, die für die Bestellung bzw. die Dienste auf der Webseite nicht unmittelbar notwendig sind, funktionsfähig sein.

Die Einwilligung eines Kindes ist nur dann rechtmäßig, wenn das Kind das 16. Lebensjahr (DSGVO) vollendet hat. Die EU-Länder können diese Altersgrenze senken.

▶ Dürfen Daten, deren Verwendung vom ursprünglichen Verwendungszweck nicht umfasst ist, für weitere Zwecke als den ursprünglichen Zweck verwendet werden?

Wurden Daten rechtmäßig (z. B. auf Grund einer Einwilligung oder im Rahmen der Vertragserfüllung) erhoben und sollen diese Daten für einen weiteren Zweck (z. B. Geburtstagsgrüße), der von der ursprünglichen Rechtsgrundlage (z. B. Einwilligung oder Vertragserfüllung) nicht umfasst ist, verwendet werden, besteht eine „Erleichterung“ im Vergleich zur bisherigen Rechtslage insofern, als dass künftig rechtmäßig erhobene Daten auch zu anderen als zu den ursprünglichen Zwecken verwendet werden dürfen, ohne dass dafür eine eigene Einwilligung erforderlich ist. Dies aber nur dann, wenn folgende Punkte eingehalten werden:

- Es besteht eine inhaltliche Verbindung bzw. ein Zusammenhang zwischen den ursprünglichen und den neuen Zwecken und der ursprünglichen Datenerhebung (z. B. Kundenbindung, Marketing für eigene Produkte).

- Vorhandensein angemessener Garantien gegen einen Missbrauch, wie insbesondere eine Pseudonymisierung oder Verschlüsselung der Daten. Bei der Frage, welche Maßnahmen als angemessen angesehen werden, sind die Art der Daten sowie mögliche Folgen der Weiterverarbeitung für betroffene Personen zu berücksichtigen.
- Der Betroffene ist von den weiteren Verwendungszwecken zu informieren.

BEISPIEL

Im Zuge einer Bestellung wird auch das Geburtsdatum erhoben – entweder als freiwillige Angabe oder um das Alter des Bestellers überprüfen zu können oder um für den Fall einer erst nachträglichen Zahlung (bzw. Nichtzahlung) den Schuldner für einen Exekutionsantrag eindeutig identifizieren zu können. Ohne dass dafür eine ausdrückliche Einwilligung vorliegt, soll dieses Datum auch für einen zusätzlichen Zweck, nämlich die Zustellung von Geburtstagsgrüßen verwendet werden. Wenn der Betroffene z. B. in der Datenschutzerklärung über diese Verwendung informiert wird, kann diese Verwendung wohl als zulässig erachtet werden. Allerdings sollte dazu nicht eine offene Postkarte verwendet werden, aus der jedermann das Geburtsdatum oder gar das Alter ersehen kann.

▶ Welche Informationspflichten gelten bei der Datenerhebung?

Neu ist, dass die DSGVO losgelöst von einem aktiven Auskunftsbegehren eines Betroffenen umfangreiche Informationspflichten bereits im Zeitpunkt der Datenerhebung regelt. Da außerdem eine zusätzlich erforderliche Einwilligungserklärung „in informierter Weise und unmissverständlich" erfolgen muss, setzt dies voraus, dass diesen Informationspflichten vor bzw. im Zuge der Einverständniserklärung nachgekommen wird. Aber auch wenn keine Einverständniserklärung notwendig ist, ist den Informationspflichten nachzukommen:

- Name und Kontaktdaten des für die Datenverarbeitung Verantwortlichen
- Zweck sowie Rechtsgrundlage für die Verarbeitung
- Angabe der berechtigten Interessen zur Datenverarbeitung (wenn diese nicht auf einer Einwilligung, sondern auf einer Interessenabwägung beruht)
- Empfänger oder Kategorien von Empfängern
- Absicht, Daten an ein Drittland oder eine internationale Organisation zu übermitteln

- Speicherdauer, bzw. Kriterien für die Festlegung der Dauer
- Hinweis auf das Auskunftsrecht, Berichtigungsrecht und Löschungsrecht oder Einschränkung der Verarbeitung sowie auf das Widerspruchsrecht und das Recht auf Datenübertragbarkeit
- Hinweis auf das Widerrufsrecht, wenn die Daten durch Einwilligung erhoben wurden
- Hinweis auf ein das Beschwerderecht bei einer Aufsichtsbehörde
- Hinweis, wie weit die Datenbereitstellung gesetzlich oder vertraglich vorgeschrieben ist oder für den Vertragsabschluss erforderlich ist
- Hinweis, ob die betroffene Person verpflichtet ist, die Daten bereitzustellen und welche möglichen Folgen die Nichtbereitstellung hätte
- Hinweis, ob die Daten zu einer automatisierten Entscheidungsfindung (einschließlich Profiling) verwendet werden und eine allgemeinverständliche Darstellung der Entscheidungslogik sowie der Tragweite der Auswirkungen einer derartigen Verarbeitung
- Verwendung der Daten für einen anderen als den ursprünglichen Verwendungszweck

In diesen im Gegensatz zur bisherigen Rechtslage sehr umfassenden Informationspflichten besteht die für Webseiten wesentlichste inhaltliche Neuerung durch die DSGVO. Diese Informationspflichten entsprechen in etwa dem, was schon bisher als „Datenschutzerklärung“ auf vielen Webseiten zwar nicht in dieser Detaillierheit gesetzlich vorgeschrieben, aber weitgehend „best practice“ war.

▶ Welche Informationspflichten gelten, wenn Daten aus anderen Quellen verwendet werden?

Wenn Daten nicht direkt vom Betroffenen, sondern von Dritten erhoben werden, bestehen zusätzliche Informationspflichten (Art. 14 DSGVO), insbesondere die Angabe der Quellen, aus denen Daten eingespeist bzw. gesammelt werden.

▶ Welche Datensicherungsmaßnahmen sind bereits beim Webauftritt notwendig?

Datenanwendungen sind nach Möglichkeit so zu konfigurieren, dass bereits durch technische Voreinstellungen oder Konfigurationen der Webseite ein möglichst hohes Datenschutzniveau erreicht und erhalten wird (privacy by design/privacy by default). Dazu gehört auch die möglichst weitgehende Pseudonymisierung der Daten.

▶ Wann muss Datenübertragbarkeit gewährleistet werden?

Datenverarbeiter haben die Übertragbarkeit von Daten in andere Portale oder Foren zu gewährleisten (Datenportabilität).

▶ Welche Dokumentationspflichten gelten?

Wer mit einer Webseite Nutzerdaten verarbeitet, den trifft eine betriebsinterne Dokumentationspflicht darüber, welche Daten zu welchem Zweck erhoben werden und was mit den erhobenen Daten geschieht (Verarbeitungsverzeichnis) sowie unter Umständen die Pflicht, das datenschutzrechtliche Risiko ihrer Nutzer einzuschätzen (Datenschutz-Folgenabschätzung). Da ein Webshop i. d. R. Kundenprofile erstellt, Webanalyse-Tools zur Auswertung des Nutzerverhaltens verwendet und/oder seine Kunden im Hinblick auf Kreditwürdigkeit überprüft, wird eine Datenschutz-Folgenabschätzung erforderlich sein. Die Ausnahme für KMUs bis 250 Mitarbeiter von der Erstellung eines Verarbeitungsverzeichnisses greift gerade beim Webshop in der Regel nicht, weil die Datenverarbeitung nicht nur, wie in der Ausnahme gefordert, gelegentlich erfolgt und unter Umständen auch sensible Daten enthalten kann.

▶ Muss ein Datenschutzbeauftragter bestellt werden?

Ein Datenschutzbeauftragter ist nach der DSGVO dann zu bestellen, wenn die Kerntätigkeit einer Webseite eine umfangreiche regelmäßige oder systematische Überwachung von betroffenen Personen erfordert oder in der umfangreichen Verarbeitung sensibler oder strafrechtsrelevanter Daten besteht. Wenn ein Webshop daher z. B. Profiling betreibt, wird dies i. d. R. nicht die Kerntätigkeit sein.

▶ Werden besondere Verträge mit externen Dienstleistern (Auftragsverarbeiter, Art. 28 DSGVO) benötigt?

In einem Webshop müssen zur Vertragserfüllung personenbezogene Daten (Name, Kontaktdaten, Lieferadresse) an Dienstleister (z. B. Transportunternehmen, Versandunternehmen, Zahlungsdienstleister) übermittelt werden. Der Dienstleister wird dadurch zum Auftragsverarbeiter nach der DSGVO. Das bedeutet, dass mit dem Dienstleister ein Auftragsverarbeitervertrag abgeschlossen werden muss. Soll der Dienstleister weitere Dienstleister (Subtransporteure) beauftragen dürfen, muss dies im Auftragsverarbeitervertrag geregelt werden.

Im Verhältnis zum Kunden müssen im Rahmen von Informationspflichten die Auftragsverarbeiter zumindest nach Kategorien (z. B. „Transportunternehmen“) angegeben werden. Wenn dabei Daten in einen Drittstaat (z. B. USA) übertragen werden, ist auch der Drittstaat anzugeben. Dabei sind außerdem die Bestimmungen zur Rechtmäßigkeit des internationalen Datenverkehrs zu berücksichtigen.

Auch bei Vermittlungsplattformen (z. B. Buchungsplattformen) wird vielfach ein Auftragsverarbeiterverhältnis (z. B. zwischen Hotel und Plattform) vorliegen und daher ein Auftragsverarbeitervertrag geschlossen werden müssen. Zusätzlich kann die Plattform auch Verantwortlicher i. S. d. DSGVO sein.

▶ Was muss beachtet werden, wenn man eine bestehende Webseite oder einen bestehenden Webshop kaufen oder verkaufen möchte?

Wenn eine Webseite (z. B. an einen Unternehmensnachfolger) übertragen wird, werden damit unter Umständen auch personenbezogene Daten eines Betroffenen mit übertragen. Dies wird bei Webshops i. d. R. zutreffen. Dafür sind die Bestimmungen der DSGVO einzuhalten. Das bedeutet, dass ein Rechtsgrund (z. B. berechtigtes Interesse) für die Datenübertragung gefunden werden muss oder mit einer Einwilligung (Zustimmung) des Betroffenen gearbeitet werden muss. Der Erwerber hat außerdem den Informationspflichten des Art. 14 DSGVO (Informationspflichten bezüglich nicht beim Betroffenen erhobener Daten) nachzukommen.

5.3.8 Zusammenfassung der notwendigen Maßnahmen

- Evaluieren, welche Daten zu welchen Zwecken erhoben/verarbeitet/wie lange gespeichert werden
- Datenschutzerklärung anpassen oder erstellen
- Erforderlichenfalls mit Einwilligungen arbeiten
- Evaluieren, ob die Einwilligung alle erhobenen Daten, Anwendungen und Zwecke genau umfasst
- Keine vorangekreuzten Ankreuzkästchen verwenden
- Altersgrenzen setzen
- Webseite nach Stand der Technik möglichst sicher und datenschutzfreundlich konfigurieren
- Webseite so erstellen, dass eine Datenübertragbarkeit möglich ist
- Betriebsinternes Daten-Dokumentationssystem aufbauen (Verarbeitungsverzeichnis, Datenschutz-Folgenabschätzung)
- Auftragsverarbeiterverträge schließen bzw. bestehende Verträge adaptieren

5.3.9 Betroffenenrechte und Informationspflichten

5.3.9.1 Betroffenenrechte

Die Betroffenenrechte umfassen:

- Informationspflicht bei Erhebung von personenbezogenen Daten bei der betroffenen Person
- Informationspflicht, wenn die personenbezogenen Daten nicht bei der betroffenen Person erhoben wurden
- Auskunftsrecht
- Recht auf Berichtigung
- Recht auf Löschung („Recht auf Vergessenwerden“)

- Recht auf Einschränkung der Verarbeitung
- Recht auf Datenübertragbarkeit
- Widerspruchsrecht

5.3.9.2 Informationspflichten

Nach der DSGVO sind den Betroffenen durch den Verantwortlichen Informationen über die Datenanwendungen zur Verfügung zu stellen. Der Verantwortliche muss geeignete Maßnahmen ergreifen, um den Betroffenen alle Informationen und alle Mitteilungen in präziser, transparenter, verständlicher und leicht zugänglicher Form in einer klaren und einfachen Sprache zu übermitteln. Die Übermittlung der Informationen kann schriftlich, elektronisch oder in einer anderen Form erfolgen. Die Informationen können nach den Erwägungsgründen beispielsweise auf einer Webseite, wenn sie für die Öffentlichkeit bestimmt ist, bereitgestellt werden.

5.3.9.3 Auskunftsanspruch

▶ Wem steht ein Auskunftsanspruch zu?

Jeder betroffenen Person. Diese muss ihre Identität nur dann nachweisen, wenn der Verantwortliche berechtigte Zweifel daran hat. Werden große Mengen an Informationen über die betroffene Person verarbeitet, trifft sie eine Mitwirkungspflicht.

▶ Wie muss die Auskunft beantragt werden?

Der Antrag kann formlos gestellt werden, allenfalls sogar mündlich. Bei mündlichen Antragstellungen per Telefon werden jedoch in der Regel Zweifel an der Identität bestehen, anders bei einer persönlichen Vorsprache.

Stellt die betroffene Person selbst einen elektronischen Auskunftsantrag, so ist sie nach Möglichkeit auf elektronischem Weg zu unterrichten, sofern sie nichts anderes angibt. Falls von der betroffenen Person verlangt, kann die Information mündlich erteilt werden, sofern die Identität der betroffenen Person nachgewiesen wurde. Nach der DSGVO muss der Betroffene seine Identität dann nachweisen, wenn der Verantwortliche begründete Zweifel hat (z. B. telefonische Anfrage oder über eine Fantasie-E-Mail-Adresse). In diesem Fall kann der Verantwortliche zusätzliche Informationen anfordern, die zur Bestätigung der Identität der betroffenen Person erforderlich sind.

> **ACHTUNG**
>
> Ratsam ist es, sich den Empfang der Informationen bei einer mündlichen Erteilung schriftlich bestätigen zu lassen.

▶ Wer muss die Auskunft erteilen?

Nur der Verantwortliche hat dem Auskunftsuchenden Auskunft zu geben. Wird ein Antrag irrtümlich an einen Auftragsverarbeiter gerichtet, trifft diesen zwar keine ausdrückliche Pflicht, den Antrag an den Verantwortlichen weiterzuleiten. Der Auftragsverarbeiter hat jedoch eine Unterstützungspflicht dem Verantwortlichen gegenüber.

HINWEIS

Die Weiterleitung eines Auskunftsantrages an den Verantwortlichen ist zu empfehlen.

▶ Wie hat die Auskunft zu erfolgen?

Grundsätzlich ist die Auskunft schriftlich zu erteilen, und zwar in einer kompakten, transparenten, verständlichen und leicht zugänglichen Form. Elektronische Medien (vor allem E-Mails) können insbesondere dann verwendet werden, wenn der Antrag elektronisch gestellt wurde. Auf ausdrücklichen Wunsch der betroffenen Person ist das Auskunftsschreiben oder auch nur die Kopie der Daten auf Papier zu übersenden. Eine mündliche Auskunftserteilung ist auf Wunsch der betroffenen Person möglich, sofern keine Zweifel an der Identität bestehen.

Besonderes Augenmerk ist auf die Textierung zu legen: Der Verantwortliche hat sich einer klaren und einfachen Sprache zu bedienen; dies gilt insbesondere für Informationen, die sich speziell an Kinder richten.

Liegen zur Person des Auskunftsuchenden keine Daten vor, muss dieser Umstand bekanntgegeben werden (Negativauskunft).

▶ In welcher Frist ist die Auskunft zu erteilen?

Der Verantwortliche hat den Antrag unverzüglich zu beantworten, in jedem Fall aber binnen eines Monats ab Eingang. Ist die Beantwortung des Antrages komplex und liegen mehrfache Anträge vor, kann die Frist um zwei weitere Monate verlängert werden. Der Verantwortliche muss dies der betroffenen Person unter Angabe von Gründen mitteilen. Wurde der Antrag elektronisch eingebracht, soll auch diese Mitteilung elektronisch übersandt werden (sofern die betroffene Person dem nicht zuvor widersprochen hat). Lehnt der Verantwortliche die Auskunft ab, hat er dies der betroffenen Person binnen eines Monats mitzuteilen. Wird der Verantwortliche auf den Antrag der betroffenen Person hin nicht tätig, muss er ebenso die betroffene Person ohne Verzögerung informieren, spätestens aber innerhalb eines Monats nach Eingang der Anfrage über die Gründe für das Nicht-Tätigwerden und über die Möglichkeit, bei einer

Aufsichtsbehörde Beschwerde einzulegen oder einen gerichtlichen Rechtsbehelf einzulegen.

▶ Muss die Auskunftserteilung kostenlos erfolgen?

Informationen und alle Mitteilungen und Maßnahmen sind unentgeltlich zur Verfügung zu stellen. Bei offenkundig unbegründeten oder exzessiven Anträgen (z. B. wenn die Anfrage häufig wiederholt wird) einer betroffenen Person kann der Verantwortliche entweder

- ein angemessenes Entgelt verlangen, bei dem die Verwaltungskosten für die Unterrichtung oder die Mitteilung oder die Durchführung der beantragten Maßnahme berücksichtigt werden, oder
- sich weigern, aufgrund des Antrags tätig zu werden.

Ob die Anfrage des Betroffenen tatsächlich offenkundig unbegründet oder exzessiv war, hat der für die Verarbeitung Verantwortliche zu beweisen.

▶ Was hat die Auskunft zu umfassen?

- Kopien der Daten (E-Mails, Briefe, Auszüge aus Datenbanken), die konkret verarbeiteten Daten
- die Verarbeitungszwecke
- die Kategorien der Daten, die verarbeitet werden
- die Empfänger oder Kategorien von Empfängern, an die die Daten weitergegeben worden sind oder noch weitergegeben werden, speziell bei Empfängern in Drittländern oder bei internationalen Organisationen (einschließlich Auftragsverarbeiter), wenn möglich, die geplante Speicherfrist für die Daten, oder falls dies nicht möglich ist, die Kriterien für die Festlegung dieser Dauer
- alle verfügbaren Informationen über die Herkunft der Daten (falls die Daten nicht beim Betroffenen selbst erhoben worden sind)
- im Fall von Entscheidungen, die auf einer automatisierten Verarbeitung einschließlich Profiling beruhen, und gegenüber der betroffenen Person rechtliche Wirkungen entfalten oder sie in ähnlicher Weise beeinträchtigen, Angaben zu der verwendeten Logik sowie zur Tragweite und zu den angestrebten Auswirkungen einer derartigen Verarbeitung
- bei internationalen Datentransfers: falls notwendig, die Grundlagen der geeigneten Garantien.

Des Weiteren ist die betroffene Person darüber in Kenntnis zu setzen, dass sie ein Recht auf Berichtigung oder Löschung der sie betreffenden personenbezogenen Daten oder auf Einschränkung der Verarbeitung durch den Verantwortlichen oder einen Widerspruch gegen diese Verarbeitung hat, sowie dass ein Beschwerderecht bei einer Aufsichtsbehörde besteht.

▶ Kann die Auskunft verweigert werden?

Offenkundig unbegründete oder – insbesondere im Fall von häufiger Wiederholung – exzessive Anträge einer betroffenen Person kann der Verantwortliche entweder ablehnen oder ein angemessenes Entgelt verlangen. Bei diesem können die Verwaltungskosten für das Verständigungsschreiben berücksichtigt werden. Den Verantwortlichen trifft die Beweislast, dass der Antrag offensichtlich unbegründet war oder einen exzessiven Charakter hatte.

Des Weiteren darf die Aushändigung der Kopie nicht in die Rechte anderer Personen eingreifen.

HINWEIS

Daten anderer betroffenen Personen sollten geschwärzt werden.

▶ Wo kann der Auskunftsuchende seine Ansprüche auf Auskunftserteilung durchsetzen?

Falls der Auskunftsuchende behauptet, dass sein Anspruch auf Auskunftserteilung verletzt worden ist, kann er zur Durchsetzung dieses Anspruches binnen eines Jahres ab Kenntnis von dem beschwerenden Ereignis eine Beschwerde bei der Datenschutzbehörde einreichen.

5.3.9.4 Proaktive Informationspflichten

Die proaktiven Informationspflichten nach der DSGVO unterscheiden sich in eine Auflistung von Informationen, die zu erteilen sind, wenn die Daten bei Betroffenen direkt erhoben wurden, und für den Fall, dass die Daten nicht bei Betroffenen selbst erhoben wurden.

■ **Konstellation 1: Daten werden bei der betroffenen Person selbst erhoben**

Die Informationspflichten gegenüber den Betroffenen umfassen

- Namen und Kontaktdaten des Verantwortlichen (und ggf. seiner Vertreter)
- ggf. Kontaktdaten des Datenschutzbeauftragten
- Verarbeitungszwecke und Rechtsgrundlagen der Verarbeitung
- im Falle einer Datenverarbeitung aufgrund berechtigter Interessen des Verantwortlichen bzw. eines Dritten sind die berechtigten Interessen, die vom Verantwortlichen oder einem Dritten verfolgt werden, auszuweisen
- ggf. Empfänger der Daten

- falls die Absicht besteht, die Daten an ein Drittland oder eine internationale Organisation zu übermitteln, muss auch darüber informiert werden, ebenso wie über das Vorhandensein oder das Fehlen eines Angemessenheitsbeschlusses der Europäischen Kommission. Des Weiteren ist im Falle von Datenübermittlung vorbehaltlich geeigneter Garantien oder aufgrund von verbindlichen internen Datenschutzvorschriften, bzw. generell aufgrund von besonderen Ausnahmebestimmungen eben auf diese geeigneten oder angemessenen Garantien zu verweisen oder zumindest, wo eine Kopie erhältlich wäre
- Dauer der Datenspeicherung bzw. wenn unmöglich die Kriterien für die Festlegung der Dauer
- Betroffenenrechte auf Auskunft, Berichtigung, Löschung, Einschränkung, Datenübertragbarkeit und Widerspruch
- die Möglichkeit des Widerrufs der Einwilligung
- das Bestehen eines Beschwerderechts bei einer Aufsichtsbehörde
- ob die Bereitstellung der personenbezogenen Daten gesetzlich oder vertraglich vorgeschrieben oder für einen Vertragsabschluss erforderlich ist, ob die betroffene Person verpflichtet ist, die personenbezogenen Daten bereitzustellen, und welche mögliche Folgen die Nichtbereitstellung hätte
- ggf. über das Bestehen automatisierter Entscheidungsfindung, inkl. aussagekräftiger Informationen über die angewendete Entscheidungslogik und die Tragweite der Entscheidung (z. B. Profiling).

ACHTUNG

Sollen die Daten für einen anderen als den ursprünglichen Zweck weiterverarbeitet werden, müssen vor der Weiterverarbeitung auch Informationen über diesen anderen Zweck und alle anderen maßgeblichen Informationen erteilt werden.

Die Informationen sind den Betroffenen zum Zeitpunkt der Erhebung der Daten zur Verfügung zu stellen. Die Daten müssen nicht zur Verfügung gestellt werden, wenn die betroffene Person bereits über die Informationen verfügt.

■ **Konstellation 2: Daten werden nicht bei der betroffenen Person selbst erhoben**

Die Informationspflichten gegenüber den Betroffenen umfassen

- den Namen und die Kontaktdaten des Verantwortlichen (und ggf. seiner Vertreter)
- ggf. die Kontaktdaten des Datenschutzbeauftragten

- Verarbeitungszwecke und Rechtsgrundlagen der Verarbeitung
- die Kategorien personenbezogener Daten, die verarbeitet werden
- ggf. Empfänger der Daten
- falls die Absicht besteht, die Daten an ein Drittland oder eine internationale Organisation zu übermitteln, muss auch darüber informiert werden, ebenso wie über das Vorhandensein oder das Fehlen eines Angemessenheitsbeschlusses der Europäischen Kommission. Des Weiteren ist im Falle von Datenübermittlung vorbehaltlich geeigneter Garantien oder aufgrund von verbindlichen internen Datenschutzvorschriften, bzw. generell aufgrund von besonderen Ausnahmebestimmungen eben auf diese geeigneten oder angemessenen Garantien zu verweisen oder zumindest, wo eine Kopie erhältlich wäre
- Dauer der Datenspeicherung bzw. wenn unmöglich die Kriterien für die Festlegung der Dauer
- im Falle einer Datenverarbeitung aufgrund berechtigter Interessen des Verantwortlichen bzw. eines Dritten sind die berechtigten Interessen, die vom Verantwortlichen oder einem Dritten verfolgt werden, auszuweisen
- Betroffenenrechte auf Auskunft, Berichtigung, Löschung, Einschränkung, Datenübertragbarkeit und Widerspruch
- die Möglichkeit des Widerrufs der Einwilligung
- das Bestehen eines Beschwerderechts bei einer Aufsichtsbehörde
- aus welcher Quelle die personenbezogenen Daten stammen (z. B. öffentlich zugängliche Quelle)
- ggf. über das Bestehen automatisierter Entscheidungsfindung, inkl. aussagekräftiger Informationen über die involvierte Logik und die Tragweite der Entscheidung (z. B. Profiling).

ACHTUNG

Sollen die Daten für einen anderen als den ursprünglichen Zweck weiterverarbeitet werden, müssen vor der Weiterverarbeitung auch Informationen über diesen anderen Zweck und alle anderen maßgeblichen Informationen erteilt werden.

Der Verantwortliche muss die Informationen innerhalb einer angemessenen Frist nach Erlangung der personenbezogenen Daten mitteilen, spätestens innerhalb eines Monats. Falls die personenbezogenen Daten zur Kommunikation mit der betroffenen Person verwendet werden sollen, spätestens zum Zeitpunkt der ersten Mitteilung an die Person, oder falls die Offenlegung an einen anderen Empfänger beabsichtigt ist, spätestens zum Zeitpunkt der ersten Offenlegung.

Die Daten müssen nicht zur Verfügung gestellt werden, wenn

- die betroffene Person bereits über die Informationen verfügt
- die Erteilung dieser Informationen unmöglich ist oder einen unverhältnismäßigen Aufwand erfordert (z.B. bei Verarbeitung für im öffentlichen Interesse liegende Archivzwecke, für wissenschaftliche oder historische Forschungszwecke oder für statistische Zwecke) oder falls die Verwirklichung der Ziele der Verarbeitung unmöglich macht oder ernsthaft beeinträchtigt werden würde
- die Erlangung oder Offenlegung durch Rechtsvorschriften der Europäischen Union oder der Mitgliedstaaten ausdrücklich geregelt ist
- die personenbezogenen Daten gemäß dem Unionsrecht oder dem Recht der Mitgliedstaaten dem Berufsgeheimnis oder einer satzungsmäßigen Geheimhaltungspflicht unterliegen und daher vertraulich behandelt werden müssen.

5.3.9.5 Berichtigungs-, Löschungs- und Einschränkungsansprüche

Die DSGVO räumt der betroffenen Person ein Recht auf Berichtigung und ggf. Ergänzung in Bezug auf alle zu ihrer Person verarbeiteten Daten ein. Des Weiteren stehen jedem Betroffenen ein Löschungsrecht und ein Recht auf Einschränkung der Verarbeitung zu.

Die betroffene Person muss ihre Identität nachweisen, wenn der Verantwortliche berechtigte Zweifel daran hat. Werden große Mengen an Informationen über die betroffene Person verarbeitet, trifft sie eine Mitwirkungspflicht.

> **HINWEIS**
>
> In der Regel werden solche Zweifel bei telefonischen Anfragen oder wenn der Antrag von einer Fantasie-E-Mail-Adresse versandt wurde, bestehen.

▶ Wen treffen die Pflichten zur Berichtigung, Löschung und zur Einschränkung der Verarbeitung?

Nur der Verantwortliche hat die Daten zu berichtigen, zu löschen oder einzuschränken. Wird ein Antrag irrtümlich an einen Auftragsverarbeiter gerichtet, trifft diesen zwar keine ausdrückliche Pflicht, den Antrag an den Verantwortlichen weiterzuleiten. Der Auftragsverarbeiter hat jedoch eine Unterstützungspflicht dem Verantwortlichen gegenüber.

HINWEIS

Die Weiterleitung eines Antrages an den Verantwortlichen ist zu empfehlen.

▶ Wie muss die Berichtigung, Löschung oder Einschränkung beantragt werden?

Der Antrag kann formlos gestellt werden, allenfalls sogar mündlich. Bei mündlichen Antragstellungen per Telefon werden jedoch in der Regel Zweifel an der Identität bestehen, anders als bei einer persönlichen Vorsprache.

▶ Welche Voraussetzungen hat das Recht auf Berichtigung?

Voraussetzung für den Anspruch ist, dass die Daten unrichtig sind, also mit der Wirklichkeit nicht übereinstimmen (z. B. falsches Geburtsdatum), oder dass die Daten unter Berücksichtigung des Zweckes der Verarbeitung unvollständig sind.

▶ Welche Voraussetzungen hat das Recht auf Löschung?

Voraussetzung für das Löschungsrecht ist das Zutreffen einer der folgenden Gründe:

- Die personenbezogenen Daten sind für die Zwecke, für die sie erhoben oder auf sonstige Weise verarbeitet wurden, nicht mehr notwendig.
- Die betroffene Person hat ihre Einwilligung zur Datenverarbeitung widerrufen (und es liegt keine andere Rechtsgrundlage vor).
- Die betroffene Person hat Widerspruch gegen die Verarbeitung eingelegt (und es liegen keine vorrangigen berechtigten Gründe für die Verarbeitung vor).
- Die personenbezogenen Daten wurden unrechtmäßig verarbeitet.
- Die Löschung der personenbezogenen Daten ist zur Erfüllung einer rechtlichen Verpflichtung nach dem Unionsrecht oder dem Recht der Mitgliedstaaten erforderlich.
- Die Daten wurden von einem Kind im Zusammenhang mit einem Dienst der Informationsgesellschaft ermittelt.

▶ Welche Voraussetzungen hat das Recht auf Einschränkung?

Voraussetzung für das Recht auf Einschränkung ist das Zutreffen einer der folgenden Gründe:

- Die betroffene Person hat die Richtigkeit der personenbezogenen Daten bestritten, solange der Verantwortliche die Richtigkeit der personenbezogenen Daten überprüft.

- Die Verarbeitung ist unrechtmäßig und die betroffene Person hat die Löschung der personenbezogenen Daten abgelehnt und stattdessen die Einschränkung der Nutzung der personenbezogenen Daten verlangt.
- Der Verantwortliche benötigt die personenbezogenen Daten für die Zwecke der Verarbeitung nicht länger, die betroffene Person jedoch zur Geltendmachung, Ausübung oder Verteidigung von Rechtsansprüchen.
- Die betroffene Person hat Widerspruch gegen die Verarbeitung eingelegt, solange noch nicht feststeht, ob die berechtigten Gründe des Verantwortlichen gegenüber denen des Betroffenen überwiegen.

▶ Was ist bei einem Berichtigungsantrag zu tun?

Der Verantwortliche hat die Daten der betroffenen Person richtigzustellen. Unter Berücksichtigung der Zwecke der Verarbeitung hat der Betroffene außerdem das Recht, die Vervollständigung unvollständiger Daten zu verlangen.

▶ Was ist bei einem Löschungsantrag zu tun?

Der Verantwortliche hat die Daten der betroffenen Person zu löschen.

▶ Was ist bei einem Einschränkungsantrag zu tun?

Der Verantwortliche darf die Daten der betroffenen Person nur mehr speichern, aber keine sonstigen Verarbeitungsschritte ausführen.

▶ Wie ist die betroffene Person zu verständigen?

Die betroffene Person ist von der durchgeführten Maßnahme zu informieren. Dies hat schriftlich zu erfolgen, und zwar in einer kompakten, transparenten, verständlichen und leicht zugänglichen Form. Elektronische Medien (E-Mails) können insbesondere dann verwendet werden, wenn der Antrag elektronisch gestellt wurde. Auf ausdrücklichen Wunsch der betroffenen Person ist das Schreiben auf Papier zu übersenden. Eine mündliche Verständigung ist auf Wunsch der betroffenen Person möglich, sofern keine Zweifel an der Identität bestehen. Der Verantwortliche hat sich einer klaren und einfachen Sprache zu bedienen.

▶ Kann der Antrag abgelehnt werden?

Offenkundig unbegründete oder – insbesondere im Fall von häufiger Wiederholung – exzessive Anträge einer betroffenen Person kann der Verantwortliche entweder ablehnen oder ein angemessenes Entgelt verlangen. Bei diesem können die Verwaltungskosten für das Verständigungsschreiben berücksichtigt werden. Den Verantwortlichen trifft die Beweislast, dass der Antrag offensichtlich unbegründet war oder einen exzessiven Charakter hatte.

Bei der Geltendmachung des Löschungsrechts kommen noch einige spezielle Ablehnungsgründe hinzu. Der Anspruch darf abgelehnt werden, wenn die Verarbeitung erforderlich ist:

- zur Ausübung des Rechts auf freie Meinungsäußerung und Information
- zur Erfüllung einer rechtlichen Verpflichtung, welche die Verarbeitung nach dem Recht der Union oder der Mitgliedstaaten, dem der Verantwortliche unterliegt, notwendig macht
- aus Gründen des öffentlichen Interesses im Bereich der öffentlichen Gesundheit
- für im öffentlichen Interesse liegende Archivzwecke, wissenschaftliche oder historische Forschungszwecke oder für statistische Zwecke
- zur Geltendmachung, Ausübung oder Verteidigung von Rechtsansprüchen.

Kann die Berichtigung oder Löschung der Daten nicht unverzüglich erfolgen, weil dies aus wirtschaftlichen oder technischen Gründen nur zu bestimmten Zeitpunkten vorgenommen werden kann, so kann der Auftraggeber die Erledigung dieses Antrages bis zu diesem Zeitpunkt aufschieben und ist die Verarbeitung der Daten einzuschränken.

Das Recht auf Einschränkung besteht nicht, wenn

- die betroffene Person einer weitergehenden Verarbeitung zugestimmt hat
- die Verarbeitung zur Geltendmachung, Ausübung oder Verteidigung von Rechtsansprüchen notwendig ist
- die Verarbeitung zum Schutz der Rechte einer anderen natürlichen oder juristischen Person notwendig ist.

▶ In welcher Frist ist dem Antrag nachzukommen?

Der Verantwortliche hat den Antrag unverzüglich zu erledigen und zu beantworten, in jedem Fall aber binnen eines Monats ab Eingang. Ist die Erledigung des Antrages komplex und liegen mehrfache Anträge vor, kann die Frist um zwei weitere Monate verlängert werden. Der Verantwortliche muss dies der betroffenen Person unter Angabe von Gründen mitteilen. Wurde der Antrag elektronisch eingebracht, soll auch diese Mitteilung elektronisch übersandt werden (sofern die betroffene Person dem nicht zuvor widersprochen hat).

Lehnt der Verantwortliche den Antrag ab, hat er dies der betroffenen Person binnen eines Monats mitzuteilen.

▶ Müssen Berichtigung, Löschung oder Einschränkung kostenlos erfolgen?

Grundsätzlich ja. Ein angemessenes Entgelt kann nur bei offenkundig unbegründeten oder insbesondere wegen ihrer Häufigkeit exzessiven Anträgen verlangt werden.

▶ Wo kann die betroffene Person ihre Ansprüche durchsetzen?

Falls die betroffene Person behauptet, dass ihr Anspruch verletzt worden ist, kann sie zur Durchsetzung dieses Anspruches binnen eines Jahres ab Kenntnis von dem beschwerenden Ereignis eine Beschwerde bei der Datenschutzbehörde einreichen.

▶ In welchem Umfang gelten spezielle Mitteilungspflichten?

Wurden Daten auf Antrag einer betroffenen Person berichtigt, gelöscht oder eingeschränkt, hat der Verantwortliche jeden anderen, an den die Daten weitergegeben wurden, über die Geltendmachung dieser Ansprüche in Kenntnis zu setzen. Eine Ausnahme besteht nur dann, wenn diese Mitteilungspflicht unmöglich oder mit einem unverhältnismäßig hohen Aufwand verbunden wäre. Der Betroffene hat Anspruch auf Auskunft über diese Empfänger.

5.3.9.6 Recht auf Datenübertragbarkeit?

Die DSGVO räumt der betroffenen Person ein Recht auf Datenübertragbarkeit ein. Dieses Recht ist nicht an eine Vertragsbeendigung gebunden. Es kann auch im Rahmen eines Vertragsverhältnisses geltend gemacht werden.

▶ Wem stehen diese Ansprüche zu?

Jeder betroffenen Person. Diese muss ihre Identität nur dann nachweisen, wenn der Verantwortliche berechtigte Zweifel daran hat. Werden große Mengen an Informationen über die betroffene Person verarbeitet, trifft sie eine Mitwirkungspflicht.

> **HINWEIS**
>
> In der Regel werden solche Zweifel bei telefonischen Anfragen oder wenn der Antrag von einer Fantasie-E-Mail-Adresse versandt wurde, bestehen.

▶ Wer muss die Datenübertragbarkeit gewährleisten?

Nur der Verantwortliche hat die Datenübertragbarkeit zu gewährleisten. Wird ein Antrag irrtümlich an einen Auftragsverarbeiter gerichtet, trifft diesen zwar keine ausdrückliche Pflicht, diesen Antrag an den Verantwortlichen weiterzuleiten. Der Auftragsverarbeiter hat jedoch eine Unterstützungspflicht dem Verantwortlichen gegenüber.

▶ Wie muss die Datenübertragung verlangt werden?

Der Antrag kann formlos gestellt werden, ggf. auch mündlich. Bei mündlichen Antragstellungen per Telefon werden jedoch in der Regel Zweifel an der Identität bestehen, anders bei einer persönlichen Vorsprache.

▶ Welche Voraussetzungen hat das Recht auf Datenübertragbarkeit?

Die Verarbeitung erfolgt mit Hilfe automatisierter Verfahren und beruht auf einer Einwilligung der betroffenen Person oder auf einem Vertrag mit der betroffenen Person.

▶ Was ist bei einem Antrag auf Datenübertragung zu tun?

Der Verantwortliche hat der betroffenen Person alle Daten, die letztere dem Verantwortlichen bereitgestellt gestellt hat, in einem strukturierten, gängigen und maschinenlesbaren Format zu übermitteln. Das betrifft sowohl Daten, die die betroffene Person aktiv zur Verfügung gestellt hat (z. B. Fotos auf einer Social-Media-Plattform), als auch solche, die durch Nutzung der Dienstleistung angefallen sind (z. B. Aktivitätsprotokolle).

Auf Wunsch der betroffenen Person hat der Verantwortliche diese Daten direkt einem anderen Verantwortlichen zu übermitteln, sofern dies technisch machbar ist. Die betroffene Person ist von der Datenübertragung zu informieren.

▶ Kann der Antrag abgelehnt werden?

Offenkundig unbegründete oder – insbesondere im Fall von häufiger Wiederholung – exzessive Anträge einer betroffenen Person kann der Verantwortliche entweder ablehnen oder ein angemessenes Entgelt verlangen. Bei diesem können die Verwaltungskosten für das Verständigungsschreiben berücksichtigt werden. Den Verantwortlichen trifft die Beweislast, dass der Antrag offensichtlich unbegründet war oder einen exzessiven Charakter hatte.

▶ In welcher Frist ist dem Antrag nachzukommen?

Der Verantwortliche hat den Antrag unverzüglich zu erledigen und zu beantworten, in jedem Fall aber binnen eines Monats ab Eingang. Ist die Erledigung des Antrages komplex und liegen mehrfache Anträge vor, kann die Frist um zwei weitere Monate verlängert werden. Der Verantwortliche muss dies der betroffenen Person unter Angabe von Gründen mitteilen. Wurde der Antrag elektronisch eingebracht, soll auch diese Mitteilung elektronisch übersandt werden (sofern die betroffene Person dem nicht zuvor widersprochen hat). Lehnt der Verantwortliche den Antrag ab, hat er dies der betroffenen Person binnen eines Monats mitzuteilen.

▶ Muss die Datenübertragung kostenlos erfolgen?

Grundsätzlich ja. Ein angemessenes Entgelt kann nur bei offenkundig unbegründeten oder insbesondere wegen ihrer Häufigkeit exzessiven Anträgen verlangt werden.

▶ Wo kann die betroffene Person ihre Ansprüche durchsetzen?

Falls die betroffene Person behauptet, dass ihr Anspruch verletzt worden ist, kann sie zur Durchsetzung dieses Anspruches binnen eines Jahres ab Kenntnis von dem beschwerenden Ereignis eine Beschwerde bei der Datenschutzbehörde einreichen.

5.3.9.7 Widerspruchsrecht

Die DSGVO räumt der betroffenen Person ein Widerspruchsrecht ein. Diese muss ihre Identität nachweisen, wenn der Verantwortliche berechtigte Zweifel daran hat. Werden große Mengen an Informationen über die betroffene Person verarbeitet, trifft sie eine Mitwirkungspflicht.

> **HINWEIS**
>
> In der Regel werden solche Zweifel bei telefonischen Anfragen oder wenn der Widerspruchsantrag von einer Fantasie-E-Mail-Adresse versandt wurde, bestehen.

▶ Wer muss einen Widerspruch umsetzen?

Der Verantwortliche hat die Pflicht, einen Widerspruch umzusetzen. Wird ein Widerspruch irrtümlich an einen Auftragsverarbeiter gerichtet, trifft diesen zwar keine ausdrückliche Pflicht, diesen an den Verantwortlichen weiterzuleiten. Der Auftragsverarbeiter hat jedoch eine Unterstützungspflicht dem Verantwortlichen gegenüber.

▶ Wie muss das Widerspruchsrecht geltend gemacht werden?

Der Antrag kann formlos gestellt werden, allenfalls sogar mündlich. Bei mündlichen Antragstellungen per Telefon werden jedoch in der Regel Zweifel an der Identität bestehen, anders bei einer persönlichen Vorsprache.

▶ Welche Voraussetzungen hat das Recht auf Widerspruch?

Die betroffene Person hat das Recht, aus Gründen, die sich aus ihrer besonderen Situation ergeben bzw. gegen unrechtmäßige Datenverarbeitung Widerspruch einzulegen. Werden personenbezogene Daten verarbeitet, um Direktwerbung zu betreiben, so hat die betroffene Person das Recht, jederzeit Widerspruch gegen die Verarbeitung sie betreffender personenbezogener Daten zum Zwecke derartiger Werbung einzulegen; dies gilt auch für das Profiling, soweit es mit solcher Direktwerbung in Verbindung steht. Die betroffene Person hat das Recht, aus Gründen, die sich aus ihrer besonderen Situation ergeben, gegen die Verarbeitung sie betreffender personenbezogener Daten, die zu wissenschaftlichen oder historischen Forschungszwecken oder zu statistischen Zwecken erfolgt, Widerspruch einzulegen, es sei denn, die Verarbeitung ist zur Erfüllung einer im öffentlichen Interesse liegenden Aufgabe erforderlich.

▶ Was ist bei einem Widerspruch zu tun?

Der Verantwortliche darf die Daten der betroffenen Person nicht weiterverarbeiten. Widerspricht die betroffene Person z. B. der Verarbeitung für Zwecke der Direktwerbung, so dürfen die personenbezogenen Daten nicht mehr für diese Zwecke verarbeitet werden.

▶ Wie ist die betroffene Person zu verständigen?

Die betroffene Person ist von der durchgeführten Maßnahme zu informieren. Dies hat schriftlich zu erfolgen, und zwar in einer kompakten, transparenten, verständlichen und leicht zugänglichen Form. Elektronische Medien (vor allem E-Mails) können insbesondere dann verwendet werden, wenn der Antrag elektronisch gestellt wurde. Auf ausdrücklichen Wunsch der betroffenen Person ist das Schreiben auf Papier zu übersenden. Eine mündliche Verständigung ist auf Wunsch der betroffenen Person möglich, sofern keine Zweifel an der Identität bestehen. Der Verantwortliche hat sich einer klaren und einfachen Sprache zu bedienen.

▶ Kann der Widerspruch abgelehnt werden?

Durch Rechtsvorschriften können alle Betroffenenrechte eingeschränkt werden, wenn dadurch bestimmte Ziele erreicht werden sollen. Für den Bereich der gewerblichen Wirtschaft sind wohl lediglich die Tatbestände „Schutz der betroffenen Person oder der Rechte und Freiheiten anderer Personen" oder „die Durchsetzung zivilrechtlicher Ansprüche" relevant.

Offenkundig unbegründete oder – insbesondere im Fall von häufiger Wiederholung – exzessive Anträge einer betroffenen Person kann der Verantwortliche entweder ablehnen oder ein angemessenes Entgelt verlangen. Bei diesem können die Verwaltungskosten für das Verständigungsschreiben berücksichtigt werden. Den Verantwortlichen trifft die Beweislast, dass der Antrag offensichtlich unbegründet war oder einen exzessiven Charakter hatte.

In folgenden Fällen kann der Verantwortliche außerdem den Widerspruch ablehnen:

- der Verantwortliche kann zwingende Gründe für die Verarbeitung nachweisen, die die Interessen, Rechte und Freiheiten des Betroffenen überwiegen, oder
- die Verarbeitung dient der Geltendmachung, Ausübung oder Verteidigung von Rechtsansprüchen oder

- die Verarbeitung erfolgt zu wissenschaftlichen, historischen oder statistischen Zwecken und ist zur Erfüllung einer im öffentlichen Interesse liegenden Aufgabe erforderlich.

▶ In welcher Frist ist dem Widerspruch nachzukommen?

Der Verantwortliche hat den Antrag unverzüglich zu erledigen und zu beantworten, in jedem Fall aber binnen eines Monats ab Eingang. Ist die Erledigung des Antrages komplex und liegen mehrfache Anträge vor, kann die Frist um zwei weitere Monate verlängert werden. Der Verantwortliche muss dies dem Betroffenen unter Angabe von Gründen mitteilen. Wurde der Antrag elektronisch eingebracht, soll auch diese Mitteilung elektronisch übersandt werden (sofern der Betroffene dem nicht zuvor widersprochen hat).

Lehnt der Verantwortliche den Widerspruch ab, hat er dies dem Betroffenen binnen eines Monats mitzuteilen.

▶ Muss die Umsetzung des Widerspruches kostenlos erfolgen?

Grundsätzlich ja. Ein angemessenes Entgelt kann nur bei offenkundig unbegründeten oder insbesondere wegen ihrer Häufigkeit exzessiven Verlangen verlangt werden.

6 Dokumentation und Verarbeitungsverzeichnis

- Besteht für Datenverarbeitungen Dokumentationspflicht?
- Wie wird die Dokumentationspflicht erfüllt?
- Was muss das Verzeichnis enthalten?

HINWEIS

Diese Angaben sind nicht abschließend. Es gibt kein für alle Konstellationen einheitlich gültiges „Template" eines Verarbeitungsverzeichnisses, sondern dieses muss auf die tatsächlichen Verhältnisse angepasst sein. In der Regel empfiehlt sich eine Tabelle mit Spaltenbezeichnungen entsprechend der nachstehenden Aufschlüsselung und Zeilen für jede Verarbeitungsart.

Der Verantwortliche hat ein Verzeichnis sämtlicher Verarbeitungstätigkeiten, die in seiner Zuständigkeit liegen, zu führen. Dieses Verzeichnis hat Folgendes zu enthalten:

- Namen und Kontaktdaten des bzw. der Verantwortlichen, des Vertreters des Verantwortlichen sowie eines etwaigen Datenschutzbeauftragten

sowie

- Kurzbeschreibung der Datenverarbeitung (z. B. Kundendatenverwaltung)
- Eingesetzte Art der IT (z. B. Fileserver)
- Name der Anwendung bzw. Software
- Zweckbestimmung
- Datenkategorien
- Beschreibung der Kategorien betroffener Personen und der Kategorien personenbezogener Daten (z. B. Kunden und Lieferanten; Rechnungsdaten, Adressdaten)
- Kategorien von Empfängern, gegenüber denen die personenbezogenen Daten offengelegt worden sind oder noch offengelegt werden (z. B. Sozialversicherung, Finanzamt, Rechtsanwalt, Steuerberater), einschließlich Empfänger in Drittländern oder internationalen Organisationen (z. B. Konzernmutter in USA)
- Rechtsgrundlage der Datenverarbeitung (z. B. Einwilligung, Vertrag, Rechtsvorschrift)
- gegebenenfalls Übermittlungen von personenbezogenen Daten an ein Drittland (z. B. USA) oder an eine internationale Organi-

sation, einschließlich der Angaben des betreffenden Drittlands oder der betreffenden internationalen Organisation (u. U. ist auch die Dokumentierung geeigneter Garantien erforderlich)

- gegebenenfalls Auftragsverarbeiter
- die vorgesehenen Fristen für die Löschung der verschiedenen Datenkategorien
- zugriffsberechtigte Personen
- Aussage, ob eine Datenschutzfolgenabschätzung durchgeführt wurde und mit welchem Ergebnis (Klassifizierung des Risikos für den Betroffenen)
- allgemeine Beschreibung der technischen und organisatorischen Datensicherheitsmaßnahmen.

▶ Gilt die Dokumentationspflicht auch für Auftragsverarbeiter?

Über alle im Auftrag eines Verantwortlichen durchgeführten Verarbeitungstätigkeiten hat auch der Auftragsverarbeiter ein Verzeichnis zu führen. Dieses Verzeichnis hat zusätzlich den Namen des Verantwortlichen zu enthalten, in dessen Auftrag die Datenverarbeitung erfolgt.

▶ Wen trifft die Pflicht zur Führung dieser Verzeichnisse nicht?

Die Pflicht zur Führung des Verarbeitungsverzeichnisses gilt für Unternehmen mit weniger als 250 Mitarbeitern – nur – dann nicht, wenn

- die Datenverarbeitung kein Risiko für die Rechte und Freiheiten der betroffenen Personen darstellt,
- die Verarbeitung nur gelegentlich erfolgt und
- die Verarbeitung keine sensiblen Daten bzw. keine Daten über strafrechtliche Verurteilungen beinhaltet.

▶ Welche Pflichten bestehen gegenüber der Aufsichtsbehörde?

Jeder Verantwortliche, jeder Auftragsverarbeiter sowie die jeweiligen Vertreter haben bei der Erfüllung ihrer Aufgaben mit der Aufsichtsbehörde zusammenzuarbeiten. Auf Anfrage sind die Verzeichnisse der Behörde vorzulegen. Anhand dieser Verzeichnisse ist es für die Aufsichtsbehörde möglich, die betreffenden Verarbeitungsvorgänge zu kontrollieren.

7 Technisch-organisatorische Datensicherheitsmaßnahmen

▶ Welche Datensicherheitsmaßnahmen sind erforderlich?

Die Datensicherheit bei der Verarbeitung von personenbezogenen Daten muss gewährleistet werden. Dabei sind insbesondere folgende Maßnahmen gefordert:

- Verschlüsselung personenbezogener Daten
- Passwortsicherungen
- Zutritts- und Zugangskontrollen
- Zugriffsbeschränkungen (Dazu gehört auch, dass unterstellte natürliche Personen, die Zugang zu personenbezogenen Daten haben, diese nur auf Anweisung des Verantwortlichen verarbeiten; „Auftragsprinzip".)
- Fähigkeit, die Verfügbarkeit der personenbezogenen Daten und den Zugang zu ihnen bei einem physischen oder technischen Zwischenfall rasch wiederherzustellen (z. B. Backup-Programme)
- Verfahren zur regelmäßigen Überprüfung, Bewertung und Evaluierung der Wirksamkeit der technischen und organisatorischen Maßnahmen zur Gewährleistung der Sicherheit der Verarbeitung.

Bei der Beurteilung des angemessenen Schutzniveaus sind die Risiken zu berücksichtigen, die mit der Verarbeitung verbunden sind, insbesondere bei unbeabsichtigter oder unrechtmäßiger Vernichtung, Verlust, Veränderung, unbefugter Offenlegung oder unbefugtem Zugang zu personenbezogenen Daten („risikobasierter Ansatz").

Eine Zertifizierung kann herangezogen werden, um die Erfüllung der genannten Maßnahmen nachzuweisen.

Zum Schutz der personenbezogenen Daten haben die Verantwortlichen und die Auftragsverarbeiter die Grundsätze des Datenschutzes durch Technik („privacy by design") und durch datenschutzfreundliche Voreinstellungen („privacy by default") zu berücksichtigen und geeignete interne Strategien festzulegen sowie entsprechende Maßnahmen zu setzen.

Sowohl bei der Planung als auch bei der Datenverarbeitung selbst haben der Verantwortliche und der Auftragsverarbeiter geeignete technische und organisatorische Maßnahmen zu berücksichtigen, um ein dem Risiko angemessenes Schutzniveau zu gewährleisten. Dabei sind der Stand der Technik, die Implementierungskosten, die Art, der Umfang, die Umstände und die Zwecke der Verarbeitung sowie die unterschiedlichen Eintrittswahrscheinlichkeiten und Schwere der Risiken für die Rechte und Freiheiten natürlicher Personen zu berücksichtigen (z. B. Pseudonymisierung).

Der Verantwortliche hat geeignete technische und organisatorische Maßnahmen zu treffen, die sicherstellen, dass durch entsprechende Voreinstellungen grundsätzlich nur solche personenbezogenen Daten verarbeitet werden, deren Verarbeitung für den jeweiligen bestimmten Verarbeitungszweck erforderlich ist. Diese Verpflichtung gilt für die Menge der erhobenen personenbezogenen Daten, den Umfang ihrer Verarbeitung, ihre Speicherfrist und ihre Zugänglichkeit.

Checkliste für technisch-organisatorische Maßnahmen

Die nachfolgenden technisch-organisatorische Maßnahmen im Sinne der DSGVO sind aus der Risikosituation abzuleiten und im besten Fall in Verbindung mit einem Informationssicherheitsmanagementsystem (ISMS) nach ISO 27000 umzusetzen:

- Unbefugten den Zutritt zu Datenverarbeitungsanlagen, mit denen personenbezogene Daten verarbeitet oder genutzt werden, verwehren (Zutrittskontrolle)
- Verhindern, dass Datenverarbeitungssysteme von Unbefugten genutzt werden können (Zugangskontrolle)
- Sicherstellen, dass die zur Benutzung eines Datenverarbeitungssystems Berechtigten ausschließlich auf die ihrer Zugriffsberechtigung unterliegenden Daten zugreifen können, und dass personenbezogene Daten bei der Verarbeitung, Nutzung und nach der Speicherung nicht unbefugt gelesen, kopiert, verändert oder entfernt werden können (Zugriffskontrolle)
- Sicherstellen, dass personenbezogene Daten bei der elektronischen Übertragung oder während ihres Transports oder ihrer Speicherung auf Datenträger nicht unbefugt gelesen, kopiert, verändert oder entfernt werden können, und dass überprüft und festgestellt werden kann, an welche Stellen eine Übermittlung personenbezogener Daten durch Einrichtungen zur Datenübertragung vorgesehen ist (Weitergabekontrolle)
- Sicherstellen, dass nachträglich überprüft und festgestellt werden kann, ob und von wem personenbezogene Daten in Datenverarbeitungssysteme eingegeben, verändert oder entfernt worden sind (Eingabekontrolle)
- Sicherstellen, dass personenbezogene Daten, die im Auftrag verarbeitet werden, nur entsprechend den Weisungen des Auftraggebers verarbeitet werden können (Auftragskontrolle),
- Sicherstellen, dass personenbezogene Daten gegen zufällige Zerstörung oder Verlust geschützt sind (Verfügbarkeitskontrolle)
- Sicherstellen, dass zu unterschiedlichen Zwecken erhobene Daten getrennt verarbeitet werden können.

8 Meldungen bei Datenschutzvorkommnissen

▶ Wer muss wie bei Datenschutzvorkommnissen verständigt werden?

Die DSGVO definiert eine „Verletzung des Schutzes personenbezogener Daten" (data breach) als eine Verletzung der Sicherheit, die, ob unbeabsichtigt oder unrechtmäßig, zur Vernichtung, zum Verlust, zur Veränderung oder zur unbefugten Offenlegung von beziehungsweise zum unbefugten Zugang zu personenbezogenen Daten führt, die übermittelt, gespeichert oder auf sonstige Weise verarbeitet wurden.

Als „data breach" kann z. B. ein Vorfall verstanden werden, durch den Unbefugten der Zugriff auf Daten möglich wird (z. B. Verlust eines Datenträgers, Hackerangriff). Dadurch kann den betroffenen Personen ein physischer, materieller oder immaterieller Schaden entstehen, wie etwa Verlust der Kontrolle über ihre personenbezogenen Daten, Identitätsdiebstahl oder -betrug, finanzielle Verluste, Rufschädigung, Verlust der Vertraulichkeit von dem Berufsgeheimnis unterliegenden Daten oder andere erhebliche wirtschaftliche oder gesellschaftliche Nachteile.

Daher sieht die DSGVO für den Fall einer solchen Verletzung des Schutzes personenbezogener Daten folgende Melde- und Benachrichtigungspflichten vor:

- Meldung an die zuständige Aufsichtsbehörde, wenn die Verletzung des Schutzes personenbezogener Daten voraussichtlich zu einem Risiko für die Rechte und Freiheiten natürlicher Personen führt, sowie
- Benachrichtigung der betroffenen Person, wenn die Verletzung des Schutzes personenbezogener Daten voraussichtlich ein hohes Risiko für die persönlichen Rechte und Freiheiten natürlicher Personen zur Folge hat.

Wird dem Auftragsverarbeiter eine Verletzung des Schutzes personenbezogener Daten bekannt, so muss er diese unverzüglich dem Verantwortlichen melden.

Die Meldung einer Datenschutzverletzung an die Aufsichtsbehörde muss unverzüglich und möglichst binnen 72 Stunden, nachdem dem Verantwortlichen diese Verletzung bekannt wurde, erfolgen. Erfolgt die Meldung erst nach Ablauf von 72 Stunden, so ist diese Verzögerung zu begründen.

Die Meldung hat zumindest folgende Informationen zu enthalten:

- eine Beschreibung der Art der Verletzung des Schutzes personenbezogener Daten (wenn möglich mit Angabe der Kategorien und der ungefähren Zahl der betroffenen Personen, der betroffenen Kategorien und der ungefähren Zahl der personenbezogenen Datensätze),

- den Namen und die Kontaktdaten des Datenschutzbeauftragten oder einer sonstigen Anlaufstelle für weitere Informationen,
- eine Beschreibung der wahrscheinlichen Folgen der Verletzung des Schutzes personenbezogener Daten,
- eine Beschreibung der vom Verantwortlichen ergriffenen oder vorgeschlagenen Maßnahmen zur Behebung der Datenschutzverletzung und gegebenenfalls Maßnahmen zur Abmilderung ihrer möglichen nachteiligen Auswirkungen.

Der Verantwortliche muss alle Verletzungen des Schutzes personenbezogener Daten einschließlich aller damit im Zusammenhang stehenden Fakten (Auswirkungen, ergriffene Abhilfemaßnahmen) dokumentieren. Diese Dokumentation dient der Aufsichtsbehörde zur Überprüfung der korrekten Einhaltung der Meldepflicht.

Die betroffene Person ist im Falle eines voraussichtlich hohen Risikos unverzüglich von der Datenschutzverletzung zu benachrichtigen. Diese Benachrichtigung muss zumindest Folgendes beinhalten:

- eine Beschreibung der Art der Verletzung des Schutzes personenbezogener Daten in klarer und einfacher Sprache,
- den Namen und die Kontaktdaten des Datenschutzbeauftragten oder einer sonstigen Anlaufstelle für weitere Informationen,
- eine Beschreibung der wahrscheinlichen Folgen der Datenschutzverletzung,
- eine Beschreibung der vom Verantwortlichen ergriffenen oder vorgeschlagenen Maßnahmen zur Behebung der Verletzung des Schutzes personenbezogener Daten und gegebenenfalls Maßnahmen zur Abmilderung ihrer möglichen nachteiligen Auswirkungen.

Eine Benachrichtigung der betroffenen Person ist nicht erforderlich, wenn

- auf die von der Verletzung betroffenen personenbezogenen Daten geeignete technische und organisatorische Sicherheitsvorkehrungen angewandt wurden (insbesondere wenn dadurch unbefugte Personen keinen Zugang zu diesen Daten haben, etwa durch Verschlüsselung),
- der Verantwortliche durch nachträgliche Maßnahmen sichergestellt hat, dass das hohe Risiko für die Rechte und Freiheiten der betroffenen Person aller Wahrscheinlichkeit nach nicht mehr besteht, oder
- die Benachrichtigung mit einem unverhältnismäßigen Aufwand verbunden wäre. In diesem Fall muss jedoch eine öffentliche

Bekanntmachung erfolgen, oder eine ähnliche Maßnahme ergriffen werden, damit die betroffenen Personen vergleichbar wirksam informiert werden.

9 Datenschutz-Folgenabschätzung

9.1 Voraussetzungen und Inhalte

▶ Wann ist eine Datenschutz-Folgenabschätzung durchzuführen?

Als Ersatz für den Entfall der „vorsorglichen" Überprüfung im Rahmen der Meldeverpflichtungen bei der Datenschutzbehörde werden Verantwortliche u. a. verpflichtet, in Eigenregie eine Evaluierung von Datenverarbeitungen durchzuführen. Damit sollen die Auswirkungen und Risiken der Datenverarbeitungen (nach einer allgemeinen Risikoabschätzung) für die Rechte der Betroffenen analysiert und die Folgen der vorgesehenen Datenverarbeitungen für den Datenschutz abgeschätzt werden. Diese „Selbstevaluierung" bezeichnet die DSGVO als Datenschutz-Folgenabschätzung.

Die DSGVO bestimmt, dass eine Datenschutz-Folgenabschätzung insbesondere dann zu erfolgen hat, wenn etwa neue Technologien verwendet werden oder aufgrund der Art, des Umfangs, der Umstände und der Zwecke der Verarbeitung voraussichtlich ein hohes Risiko für die Rechte und Freiheiten natürlicher Personen besteht.

Beispielhaft führt die DSGVO folgende Fälle an:

- systematische und umfassende Bewertung persönlicher Aspekte natürlicher Personen: Hiermit sind vor allem Profiling-Maßnahmen angesprochen, die als Grundlage für Entscheidungen dienen, die Rechtswirkungen gegenüber natürlichen Personen entfalten oder diese in erheblicher Weise beeinträchtigen können, z. B. bei der Frage, ob einer natürlicher Person ein Kredit gewährt wird oder nicht
- bei einer umfangreichen Verarbeitung sensibler Daten oder von personenbezogenen Daten über strafrechtliche Verurteilungen oder Straftaten
- systematische umfangreiche Überwachung öffentlich zugänglicher Bereiche, z. B. mittels Videoüberwachung.

Ob die Voraussetzungen für die Durchführung einer Datenschutz-Folgenabschätzung vorliegen, obliegt der Beurteilung des Verantwortlichen selbst. Hat der verantwortliche Datenverarbeiter einen Datenschutzbeauftragten bestellt, muss er diesen bei der Durchführung der Datenschutz-Folgenabschätzung zu Rate ziehen.

Liegt ein Ansatzpunkt für eine verpflichtende Durchführung einer Datenschutz-Folgenabschätzung vor, hat der Verantwortliche die Datenschutz-Folgenabschätzung vor der Aufnahme der Datenverarbeitung durchzuführen.

▶ Was muss die Datenschutz-Folgenabschätzung umfassen?

Die Datenschutz-Folgenabschätzung muss zumindest Folgendes enthalten:

- eine systematische Beschreibung der geplanten Verarbeitungsvorgänge
- die Beschreibung der Verarbeitungszwecke (beruft sich der Verantwortliche allenfalls auf die Rechtmäßigkeitsgrundlage des „berechtigten Interesses", muss er auch bei der Folgenabschätzung dieses berechtigte Interesse beschreiben)
- eine Bewertung der Notwendigkeit und Verhältnismäßigkeit der Datenverarbeitung in Bezug auf den verfolgten Zweck: So muss etwa bewertet werden, ob die Datenverarbeitung für die Zweckerreichung unumgänglich ist oder ob es nicht gelindere Maßnahmen zur Zweckerreichung gibt
- eine Bewertung der Risiken für die Rechte und Freiheiten der betroffenen Personen: Betroffenenrechte wie beispielsweise das Auskunfts-, Löschungs- oder Widerspruchsrecht; des Weiteren die allgemeinen Grundprinzipien wie etwa der Zweckmäßigkeitsgrundsatz, die Transparenz oder die Datenminimierung
- die zur Bewältigung der Risiken geplanten Abhilfemaßnahmen, einschließlich Garantien, Sicherheitsvorkehrungen und Verfahren, durch die der Datenschutz sichergestellt wird, z. B. Pseudonymisierungs- oder Anonymisierungsmaßnahmen, organisatorische oder personelle Maßnahmen wie etwa Zutritts- oder Zugangsbeschränkungen oder Verschlüsselungen. Bestehen von Unternehmensverbänden Verhaltensregeln, die von der Datenschutzbehörde genehmigt wurden, und hält sich der Verantwortliche auch an diese, können diese bei der Risikobewertung bzw. bei der Bewertung der geplanten Abhilfemaßnahmen gebührend berücksichtigt werden
- die vom Datenschutzbeauftragten erteilten Empfehlungen und die dazu getroffenen Entscheidungen
- gegebenenfalls den Standpunkt der Betroffenen.

▶ Ist eine vorherige Konsultation bei der Aufsichtsbehörde notwendig?

Sollte auf Basis der Datenschutz-Folgenabschätzung ein hohes Risiko für die Rechte und Freiheiten der betroffenen Person festgestellt werden und kann der Verantwortliche keine Maßnahmen zur Eindämmung des Risikos treffen, hat er vor der Verarbeitung die Datenschutzbehörde zu konsultieren. Diese kann dem Verantwortlichen und gegebenenfalls dem Auftragsverarbeiter innerhalb eines Zeitraumes von bis zu 8 Wochen nach Erhalt des Konsultationsersuchens schriftliche Empfehlungen erteilen. Sollte der beabsichtigte Datenverarbeitungsvorgang eine entsprechende Komplexität aufweisen, kann diese Frist um 6 Wochen verlängert werden. Der Verantwortliche oder gegebenenfalls der Auftragsverarbeiter sind über eine solche Fristverlängerung innerhalb eines Monats nach Eingang des Konsultationsersuchens von der Datenschutzbehörde zu informieren.

Dem Konsultationsersuchen sind nachfolgende Informationen beizulegen:

- Angaben zu den Zuständigkeiten des Verantwortlichen (z. B. rechtliche Befugnisse aufgrund einer Berufsberechtigung wie etwa einer Gewerbeberechtigung), der gemeinsam Verantwortlichen und der an der Verarbeitung beteiligten Auftragsverarbeiter, insbesondere bei einer Verarbeitung innerhalb einer Gruppe von Unternehmen
- die Zwecke und die Mittel der beabsichtigten Verarbeitung
- die zum Schutz der Rechte und der Freiheiten der betroffenen Personen vorgesehenen Maßnahmen und Garantien
- sollte ein betrieblicher Datenschutzbeauftragter bestellt worden sein, sind dessen Kontaktdaten anzugeben
- die Ausführungen zur Datenschutz-Folgenabschätzung
- von der Aufsichtsbehörde selbst angeforderte Informationen.

9.2 Prüfschritte

- **Prüfung, ob überhaupt die Voraussetzungen für die Durchführung einer verpflichtenden Datenschutz-Folgenabschätzung vorliegen**

Kriterien:

- Wird bei der beabsichtigten Datenverarbeitung neue Technologie verwendet oder besteht aufgrund der Art, des Umfangs, der Umstände und der Zwecke der Datenverarbeitung voraussichtlich ein hohes Risiko für die Rechte und Freiheiten der betroffenen natürlichen Personen?
- Wird eine systematische und umfassende Bewertung persönlicher Aspekte natürlicher Personen (Profiling) durchgeführt, die in weiterer Folge als Grundlage für Entscheidungen herangezogen werden soll, die für natürliche Personen Rechtswirkungen entfalten könnte (z. B. zur Frage der Kreditvergabe)?
- Werden in umfangreicher Art und Weise sensible Daten oder Daten über strafrechtliche Verurteilungen und Straftaten selbst verarbeitet?
- Erfolgt bei der Datenverarbeitung eine systematische umfangreiche Überwachung öffentlich zugänglicher Bereiche (z. B. Videoüberwachungen)?

- Gibt es Listen der Datenschutzbehörde, die Fälle aufzählen, in denen eine Datenschutz-Folgenabschätzung zwingend durchzuführen ist bzw. nicht durchzuführen ist?

■ **Erhebung der zu verarbeitenden personenbezogenen Datenarten (z. B. Namen, Adressen, Kontaktdaten, sensible Daten) und Feststellen der Rechtsgrundlage für die Datenverarbeitung**

Kriterien:

- Welche Datenarten werden verarbeitet? Besondere Datenkategorien („sensible Daten“) oder nicht-sensible Daten?
- Liegt eine Einwilligungserklärung des Betroffenen vor? Bei Kindern: Ist im Falle eines direkt an Kinder gerichteten Angebots von Diensten der Informationsgesellschaft die datenschutzrechtliche Einwilligung von einem Kind abgegeben worden, das das 14. Lebensjahr vollendet hat? Bei Kindern bis zur Vollendung des 14. Lebensjahres: Liegt die datenschutzrechtliche Einwilligung des gesetzlichen Vertreters vor (i. d. R. die Eltern)?
- Ist die Datenverarbeitung für eine Vertragserfüllung oder die Durchführung vorvertraglicher Maßnahmen erforderlich?
- Ist die Datenverarbeitung (auch „sensibler Daten“) für die Erfüllung einer rechtlichen Verpflichtung, z. B. aus dem Arbeitsrecht, erforderlich?
- Ist die Datenverarbeitung erforderlich, um lebenswichtige Interessen des Betroffenen oder einer anderen natürlichen Person zu schützen?
- Ist die Datenverarbeitung für eine Aufgabenerfüllung erforderlich, die im öffentlichen Interesse liegt oder in Ausübung öffentlicher Gewalt erfolgt, die dem Verantwortlichen übertragen wurde?
- Besteht auf Seiten des Verantwortlichen oder eines Dritten ein berechtigtes Interesse an der Datenverarbeitung, und überwiegen nicht die Interessen oder Grundfreiheiten der betroffenen Person?
- In Bezug auf (gerichtlich oder verwaltungs-)strafrechtlich relevante Daten: Besteht eine ausdrückliche gesetzliche Ermächtigung oder Verpflichtung zur Verarbeitung?
- Ist die Verarbeitung der strafrechtlich relevanten Daten aus gesetzlichen Sorgfaltspflichten oder zur Wahrung berechtigter Interessen des Verantwortlichen oder eines Dritten erforderlich und überwiegen die Interessen des Betroffenen dabei nicht?
- Wird die Wahrung der Interessen der betroffenen Person durch die Art und Weise der Verarbeitung gewährleistet?
- Bei „sensiblen“ Daten: Liegt eine ausdrückliche Einwilligung vor?
- Ist die Datenverarbeitung erforderlich, um lebenswichtige Interessen des Betroffenen oder einer anderen natürlichen Person

zu schützen und ist der Betroffene aus körperlichen oder rechtlichen Gründen außerstande, die Einwilligung zu geben?

- Wurden die „sensiblen Daten“ offensichtlich von der betroffenen Person öffentlich zugänglich gemacht?
- Ist die Verarbeitung „sensibler Daten“ zur Geltendmachung, Ausübung oder Verteidigung von Rechtsansprüchen erforderlich?
- Erfolgt die Verarbeitung der „sensiblen Daten“ auf der Grundlage geeigneter Garantien (z. B. verbindliche interne Datenschutzvorschriften, Zertifizierungen) durch eine politisch, weltanschaulich, religiös oder gewerkschaftlich ausgerichtete Stiftung, Vereinigung oder sonstige Organisation ohne Gewinnerzielungsabsicht im Rahmen ihrer rechtmäßigen Tätigkeiten und unter der Voraussetzung, dass sich die Verarbeitung ausschließlich auf die Mitglieder oder ehemaligen Mitglieder der Organisation oder auf Personen, die im Zusammenhang mit deren Tätigkeitszweck regelmäßig Kontakt mit ihr unterhalten, bezieht und die personenbezogenen Daten nicht ohne Einwilligung der betroffenen Person nach außen offengelegt werden?
- Ist die Verarbeitung „sensibler Daten“ auf Grundlage gesetzlicher Vorgaben aus Gründen eines erheblichen öffentlichen Interesses erforderlich?
- Ist die Verarbeitung für Zwecke der Gesundheitsvorsorge oder der Arbeitsmedizin, für die Beurteilung der Arbeitsfähigkeit des Beschäftigten, für die medizinische Diagnostik, die Versorgung oder Behandlung im Gesundheits- oder Sozialbereich oder für die Verwaltung von Systemen und Diensten im Gesundheits- oder Sozialbereich auf der Grundlage von Gesetzen oder aufgrund eines Vertrags mit einem Angehörigen eines Gesundheitsberufs erforderlich?
- Ist die Verarbeitung aus Gründen des öffentlichen Interesses im Bereich der öffentlichen Gesundheit, wie dem Schutz vor schwerwiegenden, grenzüberschreitenden Gesundheitsgefahren oder zur Gewährleistung hoher Qualitäts- und Sicherheitsstandards bei der Gesundheitsversorgung und bei Arzneimitteln und Medizinprodukten, auf der Grundlage von europarechtlichen oder nationalen Gesetzen erforderlich?
- Ist die Verarbeitung auf gesetzlicher Grundlage für im öffentlichen Interesse liegende Archivzwecke, für wissenschaftliche oder historische Forschungszwecke oder für statistische Zwecke erforderlich?

■ Einhaltung datenschutzrechtlicher Prinzipien

Kriterien:

Transparenz: Werden die Informationspflichten erfüllt?

- Zweckbindungsgrundsatz: Erfolgt die Datenverarbeitung für festgelegte, eindeutige und legitime Zwecke?

- Minimierungs- und Verhältnismäßigkeitsprinzip: Ist die Datenverarbeitung im Verhältnis zur Zweckerreichung angemessen? Beschränkt sich die Datenverarbeitung auf das notwendige Maß und ist sie für die Zweckerreichung erheblich (z. B. in Bezug auf die Datenarten, personellen Zugriff oder die Speicherungsdauer)?
- Wie wird sichergestellt, dass die Daten sachlich richtig und auf dem möglichst neuesten Stand sind?
- Integrität und Vertraulichkeitsgrundsatz: Welche Maßnahmen zur Datensicherheit wurden getroffen?
- Rechenschaftspflicht: Wie kann bei Anfrage der Aufsichtsbehörde die Einhaltung der datenschutzrechtlichen Prinzipien und Rechtmäßigkeitsvoraussetzungen (z. B. Vorliegen einer Einwilligungserklärung) nachgewiesen werden?

- **Darlegung der Gründe, warum eine Datenschutz-Folgenabschätzung für erforderlich bzw. allenfalls für nicht erforderlich betrachtet wird**
- **Beschreibung der geplanten Verarbeitungsvorgänge**
- **Bewertung der Risiken bei der beabsichtigten Datenverarbeitung nach Schutzzielen**

Kriterien:

- Datenverfügbarkeit: Bestehen bei der beabsichtigten Datenverarbeitung Risiken in Bezug auf die Erfüllung der Betroffenenrechte (z. B. Auskunftsrecht, Widerrufsrecht, Widerspruchsrecht, Berichtigungsrecht, Löschungsrecht, Datenübertragbarkeitsrecht, Data Breach Notification)?
- Integrität und Vertraulichkeit: Welche Risiken bestehen durch die beabsichtigte Datenverarbeitung in Bezug auf den Schutz der Privatsphäre des Betroffenen in Form etwa unbefugter oder unrechtmäßiger Verarbeitung, (unbeabsichtigten) Verlust, (unbeabsichtigter) Zerstörung oder (unbeabsichtigter) Schädigung?
- Zweckbindung: Welche Risiken bestehen durch die beabsichtigte Datenverarbeitung in Bezug auf die Einhaltung des Zweckbindungsgrundsatzes?
- Besteht die Gefahr, dass im Zuge der Datenverarbeitung von der Einhaltung des einmal festgelegten eindeutigen Datenverarbeitungszweckes abgegangen wird?
- Sonstige Datenschutzprinzipien: Besteht bei der beabsichtigten Datenverarbeitung das Risiko, dass den sonstigen datenschutzrechtlichen Grundsätzen (z. B. Datenminimierung, Richtigkeit, Speicherbegrenzung, Rechtmäßigkeit, Transparenz) nicht nachgekommen werden kann?
- Besteht bei der beabsichtigten Datenverarbeitung das Risiko, dass den vorgeschriebenen Informationspflichten nicht nachgekommen werden kann?

9.3 Risikoanalyse

Auf Basis der Identifizierung möglicher Risiken wird sodann eine Risikoanalyse durchgeführt. Zunächst werden die möglichen Bedrohungen festgehalten (Von wem kann das Risiko ausgehen? Was könnten die Motive für die Bedrohung sein? Was könnte das mögliche Bedrohungsziel sein?). Im Weiteren wird die Eintrittswahrscheinlichkeit des Risikos beurteilt sowie die daraus folgenden möglichen Folgen einer Risikoverwirklichung für die Betroffenenrechte.

Diese möglichen Risikofolgen könnten beispielsweise sein:

- physischer, materieller und immaterieller Schaden beim Betroffenen
- Verlust der Kontrolle über die Daten
- Einschränkung bei der Erfüllung der Betroffenenrechte und allgemeine Grundsätze
- Diskriminierung
- Identitätsdiebstahl oder -betrug
- finanzielle Verluste
- unbefugte Aufhebung der Pseudonymisierung
- Rufschädigung
- Verlust der Vertraulichkeit (der Privatsphäre)
- erhebliche wirtschaftliche oder gesellschaftliche Nachteile

Dem werden die die bisher getroffenen Abhilfemaßnahmen gegenübergestellt (Status-quo-Erhebung), z. B. Anonymisierungs- oder Pseudonymisierungsmaßnahmen, Einsatz von Verschlüsselungstechnologien usw.

9.4 Maßnahmenplan

Aus der Bestandsaufnahme wird ein Maßnahmenplan abgeleitet. Auf Basis der Prüfschritte können Lücken bei der Risikominimierung oder -behebung festgestellt werden. Der Maßnahmenplan kann beispielsweise diese Bereiche umfassen:

- personelle Maßnahmen: z. B. PC-Benutzungsregelungen, Verpflichtungserklärungen der Mitarbeiter in Bezug auf die Einhaltung des Datengeheimnisses, Verfahren bei personellen Änderungen, Regelung bei Einsatz von Fremdpersonal, Schulungen, Abwehr von „social engineering-Angriffen“
- organisatorische Maßnahmen: z. B. Änderung des internen Prozessablaufes zur Wahrung der Betroffenenrechte und datenschutzrechtlichen Grundsätze, etwa durch betriebsinterne Richtlinien

- Computersicherheit und Virenschutz: z. B. Regelungen betreffend die Auswahl von Passwörtern, Umgang mit Wechselmedien, Einsatz von mobilen IT-Geräten
- Netzwerksicherheit: z. B. Firewalls, Sicherheit von Web-Browsern
- Datensicherung und Notfallvorsorge: z. B. die Erstellung eines Datensicherungskonzeptes, Regelung betreffend Back-up-Datenträger
- bauliche und infrastrukturelle Maßnahmen: z. B. Zutrittskontrollen, Zugangsbeschränkungen

Bei der Entscheidung, welche konkreten Maßnahmen umgesetzt werden sollen/müssen, ist unter Berücksichtigung

- des Standes der Technik
- der Implementierungskosten und
- der Art des Umfangs, der Umstände und der Datenverarbeitungszwecke sowie
- der unterschiedlichen Eintrittswahrscheinlichkeit und Schwere des Risikos für die Betroffenenrechte

darauf zu achten, dass ein jeweils angemessenes Schutzniveau gewährleistet wird. Es empfiehlt sich daher, eine entsprechende Risikoauflistung zu erstellen und danach Prioritäten bei der Maßnahmenumsetzung zu setzen.

Bleibt in einem Bereich ein hohes Risiko für die Betroffenenrechte bestehen, für das keine Minimierungsmaßnahmen gesetzt werden können, ist die Datenschutzbehörde zu konsultieren.

10 Datenschutzbeauftragter

▶ Wann ist ein Datenschutzbeauftragter zu bestellen?

Die DSGVO erweitert die Pflicht zur Benennung eines Datenschutzbeauftragten erstmals auf die gesamte EU, weicht aber in einigen Punkten von den Regelungen des alten (deutschen) Bundesdatenschutzgesetzes ab:

- „Benennung“ statt „Bestellung“
- Verpflichtung zur Benennung eines Datenschutzbeauftragten, wenn die Kerntätigkeit aus Verarbeitungsvorgängen besteht, die aufgrund ihrer Art, ihres Umfanges und/oder ihrer Zwecke eine umfangreiche regelmäßige und systematische Überwachung von betroffenen Personen erforderlich machen (z. B. Banken, Versicherungen, Kreditauskunfteien und Berufsdetektive), oder die Kerntätigkeit des Unternehmens in der umfangreichen Verarbeitung sensibler Daten oder von Daten über strafrechtliche Verurteilungen oder Straftaten besteht.
- Möglichkeit zur Ernennung eines Konzerndatenschutzbeauftragten
- Veröffentlichung der Kontaktdaten des Datenschutzbeauftragten und Mitteilung an die Aufsichtsbehörde.

Die DGSVO enthält eine Öffnungsklausel, die es den Mitgliedstaaten ermöglicht, die Benennungspflicht des Datenschutzbeauftragten weiter zu konkretisieren. Von dieser Option hat der deutsche Gesetzgeber mit § 38 BDSG-neu Gebrauch gemacht.

Es besteht nach § 38 BDSG-neu weiterhin eine Pflicht zur Benennung ab 10 Personen, die ständig mit der automatisierten Datenverarbeitung beschäftigt sind. Weiterhin unterliegt der betriebliche Datenschutzbeauftragte dem besonderen Kündigungsschutz, der Verschwiegenheitspflicht und hat Zeugnisverweigerungsrecht.

Werden Datenverarbeitungen durchgeführt, die einer Datenschutz-Folgenabschätzung i. S. d. DSGVO unterliegen, ist unabhängig von der Anzahl der mit der Verarbeitung beschäftigten Personen ein Datenschutzbeauftragter zu benennen.

Diese Voraussetzungen gelten für Verantwortliche und Auftragsverarbeiter gleichermaßen.

Die freiwillige Benennung bzw. Bestellung eines Datenschutzbeauftragten ist jederzeit möglich. Ein freiwillig bestellter Datenschutzbeauftragter hat dieselbe Stellung und dieselben Aufgaben wie ein verpflichtend zu benennender Datenschutzbeauftragter.

Der Unternehmer muss die Kontaktdaten des Datenschutzbeauftragten der Datenschutzbehörde mitteilen und veröffentlichen. Näheres zur Benennung ist in der DSGVO nicht geregelt. Sie sollte aber jedenfalls aus Beweisgründen schriftlich erfolgen und die klare Zustimmung des Datenschutzbeauftragten zu seiner Position enthalten.

Eine Unternehmensgruppe darf einen gemeinsamen Datenschutzbeauftragten ernennen, sofern der Datenschutzbeauftragte von jeder Niederlassung aus leicht erreicht werden kann.

▶ Welche Aufgaben hat der Datenschutzbeauftragte?

Der Datenschutzbeauftragte hat die folgenden Aufgaben zu erfüllen:

- Unterrichtung und Beratung der Unternehmer und Mitarbeiter hinsichtlich ihrer Pflichten nach dem Datenschutzrecht
- Überwachung und Überprüfung der Einhaltung der Datenschutzvorschriften und Strategien für den Schutz personenbezogener Daten, einschließlich der Zuweisung von Zuständigkeiten, Sensibilisierung und Schulung der Mitarbeiter
- Beratungen (auf Anfrage) in Zusammenhang mit der Datenschutz-Folgenabschätzung und der Überwachung ihrer Durchführung
- Zusammenarbeit mit der Aufsichtsbehörde und Anlaufstelle für diese.

Betroffene Personen können den Datenschutzbeauftragten zu allen mit der Verarbeitung ihrer personenbezogenen Daten und mit der Wahrnehmung ihrer Rechte im Bereich der DSGVO im Zusammenhang stehenden Fragen zu Rate ziehen.

▶ Welche Stellung hat der Datenschutzbeauftragte im Unternehmen?

Der Datenschutzbeauftragte kann ein Angestellter oder ein (externer) Selbständiger sein. Er ist ordnungsgemäß und frühzeitig in alle mit dem Schutz personenbezogener Daten zusammenhängenden Fragen einzubinden. Der Unternehmer muss den Datenschutzbeauftragten bei der Erfüllung seiner Aufgaben unterstützen und ihm dafür die erforderlichen Ressourcen und den Zugang zu den personenbezogenen Daten und Verarbeitungsvorgängen zur Verfügung stellen. Zur Erhaltung seines Fachwissens hat der Unternehmer ebenfalls die erforderlichen Ressourcen zu gewähren.

Wird ein Mitarbeiter zum Datenschutzbeauftragten bestellt, so darf er daneben nicht zusätzlich bzw. weiterhin für solche Aufgaben zuständig sein, die die Gefahr von Interessenkonflikten mit seiner Funktion als Datenschutzbeauftragter mit sich bringen können. In einschlägigen Kommentaren wird darauf verwiesen, dass sich hieraus bestimmte Funktionen für die Tätigkeit des Datenschutzbeauftragten von vornherein ausschließen. Dazu zählen auf jeden Fall

- Inhaber, Vorstand, Geschäftsführer (ausnahmslos)
- Leiter der IT

- Personalleiter
- Vertriebsleiter (zumindest im Direktvertrieb).

Für alle anderen Funktionen ist zu prüfen, ob ein Interessenkonflikt ausgeschlossen werden kann und auch keine weiteren Beeinträchtigungen für die Ausübung der Funktion des Datenschutzbeauftragten bestehen. So ist es nicht zielführend, einen IT-Mitarbeiter zum Datenschutzbeauftragten zu bestellen, wenn der Konflikt mit dem Vorgesetzten – dem IT-Leiter – bereits vorprogrammiert ist und der IT-Mitarbeiter seine zusätzliche Aufgabe als DSB z. B. aus Angst vor Repressalien nicht ausüben kann/wird.

Der Datenschutzbeauftragte darf bei der Erfüllung seiner Aufgaben keine Anweisungen bezüglich der Ausübung dieser Aufgaben erhalten. Des Weiteren darf er vom Unternehmer wegen der Erfüllung seiner Aufgaben nicht abberufen oder benachteiligt werden. Allerdings ist darin kein genereller Kündigungsschutz zu sehen. Er hat unmittelbar an die höchste Managementebene zu berichten.

Der Datenschutzbeauftragte ist bei der Erfüllung seiner Aufgaben zur Geheimhaltung und Vertraulichkeit verpflichtet. Dies gilt insbesondere in Bezug auf die Identität betroffener Personen, die sich an den Datenschutzbeauftragten gewandt haben, sowie über Umstände, die Rückschlüsse auf diese Personen zulassen, außer es ist eine ausdrückliche Entbindung von der Verschwiegenheitspflicht durch die betroffene Person erfolgt. Er kann auch andere Aufgaben und Pflichten übernehmen, doch darf dies nicht zu einem Interessenkonflikt führen.

Erhält ein Datenschutzbeauftragter bei seiner Tätigkeit Kenntnis von Daten, für die einer der Kontrolle des Datenschutzbeauftragten unterliegenden Stelle beschäftigten Person ein gesetzliches Aussageverweigerungsrecht zusteht, steht dieses Recht auch dem Datenschutzbeauftragten und den für ihn tätigen Personen insoweit zu, als die Person, der das gesetzliche Aussageverweigerungsrecht zusteht, davon Gebrauch gemacht hat.

11 Datenverkehr mit dem EU-Ausland und mit Drittländern

11.1 Voraussetzungen

Die DSGVO sieht bei Datenübermittlungen insbesondere folgende Möglichkeiten vor (abgesehen von den Ausnahmen für besondere Fälle nach Artikel 49): Datenübermittlung auf der Grundlage eines Angemessenheitsbeschlusses (Artikel 45 DSGVO) und Datenübermittlung vorbehaltlich geeigneter Garantien (Artikel 46 DSGVO).

▶ Wann ist der Transfer personenbezogener Daten in das EU-Ausland und an Drittländer zulässig?

Während der Datenverkehr innerhalb der EU aufgrund des durch die DSGVO gewährleisteten gleichen Datenschutzniveaus keinen Beschränkungen unterliegt, ist der Datenverkehr mit Drittländern (oder internationalen Organisationen) nur unter bestimmten Voraussetzungen zulässig.

Die Datenverarbeitung im Inland bzw. innerhalb der EU muss den Vorgaben der DSGVO entsprechen. Dieses unionsweit gewährleistete Schutzniveau für natürliche Personen darf bei der Übermittlung personenbezogener Daten aus der Union an Verantwortliche, Auftragsverarbeiter oder andere Empfänger in Drittländern oder an internationale Organisationen nicht unterschritten werden. Dasselbe gilt auch dann, wenn aus einem Drittland (oder von einer internationalen Organisation) personenbezogene Daten an Verantwortliche oder Auftragsverarbeiter in demselben oder einem anderen Drittland (bzw. internationale Organisation) weiterübermittelt werden.

Die DSGVO nennt folgende Fälle einer zulässigen Datenübermittlung an ein Drittland bzw. eine internationale Organisation:

- **Angemessenheitsbeschluss der Kommission**

Datenübermittlungen auf der Grundlage eines Angemessenheitsbeschlusses bedürfen keiner besonderen Genehmigung durch die Aufsichtsbehörde. Angemessenheitsbeschlüsse (Durchführungsrechtsakte der Kommission) müssen einen Mechanismus für eine regelmäßige Überprüfung, die mindestens alle 4 Jahre zu erfolgen hat, vorsehen. Die Kommission überwacht fortlaufend die Entwicklung in den entsprechenden Drittländern und widerruft, ändert oder setzt die Beschlüsse im Wege von Durchführungsrechtsakten aus, soweit Informationen vorliegen, dass das Drittland kein angemessenes Schutzniveau gewährleistet. Die aufgrund der Datenschutz-Richtlinie 95/46/EG erlassenen Angemessenheitsentscheidungen bleiben so lange in Kraft, bis sie aufgehoben werden (das betrifft zurzeit die Staaten Andorra, Argentinien, Färöer Inseln, Guernsey,

Insel Man, Israel, Jersey, Kanada, Neuseeland, Schweiz, Uruguay sowie für die USA das Privacy Shield).

- **Geeignete Garantien**

Als geeignete Garantien gelten nach DSGVO:

a) ein rechtlich bindendes und durchsetzbares Dokument zwischen den Behörden oder öffentlichen Stellen

b) verbindliche interne Datenschutzvorschriften gemäß Artikel 47 DSGVO

c) Standarddatenschutzklauseln, die von der EU-Kommission gemäß dem Prüfverfahren nach Artikel 93 Absatz 2 erlassen werden

d) von einer Aufsichtsbehörde angenommene Standarddatenschutzklauseln, die von der Kommission gemäß dem Prüfverfahren nach Artikel 93 Absatz 2 genehmigt wurden

e) genehmigte Verhaltensregeln gemäß Artikel 40 zusammen mit rechtsverbindlichen und durchsetzbaren Verpflichtungen des Verantwortlichen oder des Auftragsverarbeiters in dem Drittland zur Anwendung der geeigneten Garantien, einschließlich in Bezug auf die Rechte der betroffenen Personen, oder

f) ein genehmigter Zertifizierungsmechanismus gemäß Artikel 42 zusammen mit rechtsverbindlichen und durchsetzbaren Verpflichtungen des Verantwortlichen oder des Auftragsverarbeiters in dem Drittland zur Anwendung der geeigneten Garantien, einschließlich in Bezug auf die Rechte der betroffenen Personen.

Nach der Unsicherheit in Bezug auf das Konzept „Privacy Shield" (im Sinne eines Angemessenheitsbeschlusses der EU-Kommission) sind allerdings die Standarddatenschutzklauseln als geeignete Garantie in Frage gestellt. Bei Privacy Shield gibt es laut EU-Kommission Verbesserungsbedarf.

Vorbehaltlich der Genehmigung durch die Aufsichtsbehörde können die „geeigneten Garantien" insbesondere auch aus Vertragsklauseln bestehen, die zwischen den Verantwortlichen oder dem Auftragsverarbeiter und dem Verantwortlichen, dem Auftragsverarbeiter oder dem Empfänger der personenbezogenen Daten im Drittland vereinbart wurden.

Gegenwärtig und bis auf Weiteres gilt: Personenbezogene Daten können an US-Unternehmen entweder bei bestehender EU-US-Privacy Shield-„Zertifizierung" oder auf Grundlage der EU-Standardvertragsklauseln übermittelt werden. Im Konzernverbund können BCRs (Binding Corporate Rules) zur Anwendung kommen. Allein auf die Aussage eines US-Unternehmens, dass man an „Privacy Shield" teilnehme, sollte man sich nicht verlassen.

11.2 Ausnahmen für bestimmte Fälle

Ohne Genehmigung der Aufsichtsbehörde ist Datenverkehr mit dem EU-Ausland und mit Drittländern unter folgenden besonderen Voraussetzungen möglich:

- es liegt eine ausdrückliche Einwilligung des Betroffenen (nach Unterrichtung über die Risiken einer Übermittlung ohne Vorliegen eines Angemessenheitsbeschlusses oder geeigneter Garantien) vor
- die Übermittlung ist für die Erfüllung eines Vertrages zwischen der betroffenen Person und dem Verantwortlichen oder zur Durchführung von vorvertraglichen Maßnahmen auf Antrag der betroffenen Person erforderlich
- die Übermittlung ist zum Abschluss oder zur Erfüllung eines im Interesse der betroffenen Person von dem Verantwortlichen mit einer anderen natürlichen oder juristischen Person geschlossenen Vertrags erforderlich
- die Übermittlung ist zur Geltendmachung, Ausübung oder Verteidigung von Rechtsansprüchen erforderlich
- die Übermittlung ist zum Schutz lebenswichtiger Interessen der betroffenen Person oder anderer Personen erforderlich, sofern die betroffene Person aus physischen oder rechtlichen Gründen außerstande ist, ihre Einwilligung zu geben
- die Übermittlung ist aus wichtigen Gründen des öffentlichen Interesses notwendig oder die Übermittlung erfolgt aus einem Register, das nach dem Recht der Union oder der Mitgliedstaaten zur Information der Öffentlichkeit bestimmt ist.

Falls keine der genannten Ausnahmen vorliegt, darf eine Übermittlung an ein Drittland oder eine internationale Organisation nur dann erfolgen, wenn die Übermittlung nicht wiederholt erfolgt, nur eine begrenzte Zahl von betroffenen Personen betrifft und für die Wahrung der zwingenden berechtigten Interessen des Verantwortlichen erforderlich ist. Dies gilt nur, sofern die Interessen oder die Rechte und Freiheiten der betroffenen Person nicht überwiegen und der Verantwortliche geeignete Garantien in Bezug auf den Schutz personenbezogener Daten vorgesehen hat. Der Verantwortliche muss die Aufsichtsbehörde von solchen Übermittlungen in Kenntnis setzen und die betroffene Person über die Übermittlung und seine zwingenden berechtigten Interessen informieren.

12 Rechtsbehelfe

▶ Welche rechtlichen Möglichkeiten hat ein Betroffener?

Jede Person, die glaubt, dass die Verarbeitung der sie betreffenden personenbezogenen Daten nicht rechtmäßig geschieht, hat das Recht auf eine Beschwerde bei der Aufsichtsbehörde (Datenschutzbehörde). Diese Beschwerdemöglichkeit besteht auch dann, wenn andere verwaltungsrechtliche oder gerichtliche Rechtsbehelfe zur Verfügung stehen. Die Datenschutzbehörde hat den Beschwerdeführer über den Stand und die Ergebnisse der Beschwerde einschließlich der Möglichkeit eines gerichtlichen Rechtsbehelfs zu informieren. Gegen einen rechtsverbindlichen Beschluss der Datenschutzbehörde hat die betroffene Person ein Recht auf gerichtlichen Rechtsbehelf. Jede betroffene Person hat unbeschadet eines anderweitigen verwaltungsrechtlichen oder außergerichtlichen Rechtsbehelfs das Recht auf einen wirksamen gerichtlichen Rechtsbehelf, wenn sich die Aufsichtsbehörde nicht mit der Beschwerde befasst oder die betroffene Person nicht innerhalb einer Frist von drei Monaten über den Verfahrensstand oder das Ergebnis informiert wird.

Österreich: Nach dem österreichischen Datenschutzgesetz i. d. F. des Datenschutz-Anpassungsgesetzes 2018 entscheidet das österreichische Bundesverwaltungsgericht über Beschwerden gegen Bescheide oder die Verletzung der Entscheidungspflicht der österreichischen Datenschutzbehörde.

Jede Person, der wegen eines Verstoßes gegen die DSGVO, das Grundrecht auf Datenschutz oder die der Durchführung der DSGVO dienenden Bestimmungen ein materieller oder immaterieller Schaden entstanden ist, hat das Recht, gegen den Verantwortlichen oder den Auftraggeber Schadenersatz geltend zu machen. Der Kläger hat die Wahl, ob er die Klage bei dem Gericht des Landes einbringt, wo er seinen gewöhnlichen Aufenthalt oder Sitz hat oder beim gewöhnlichen Aufenthalt bzw. Sitz/Niederlassung des Beklagten. Jeder an einer Verarbeitung beteiligte Verantwortliche, der bei der Verarbeitung von Daten gegen die Bestimmungen der DSGVO bzw. des Datenschutzgesetzes verstoßen hat, haftet für den dadurch entstandenen Schaden.

Der Auftragsverarbeiter haftet hingegen nur dann für einen entstandenen Schaden, wenn er seinen speziell gesetzlich auferlegten Pflichten nicht nachgekommen ist (z. B. Heranziehung eines Sub-Auftragsverarbeiters, ohne vorherige Zustimmung des Verantwortlichen eingeholt zu haben) oder einer rechtmäßig erteilten Anweisung des Verantwortlichen nicht Folge geleistet hat oder gegen diese Anweisung gehandelt hat. Der Verantwortliche und der Auftragsverarbeiter sind von der Haftung befreit, wenn sie nachweisen können, dass sie in keinerlei Hinsicht für den Umstand, durch den der Schaden eingetreten ist, verantwortlich sind.

Sind mehrere Verantwortliche oder mehrere Auftragsverarbeiter an einer Datenverarbeitung beteiligt, so haftet jeder einzelne für den gesamten Schaden. Damit soll ein wirksamer Schadenersatz für die betroffene Person gewährleistet werden.

13 Sanktionen

▶ Welche Sanktionen drohen?

Gegen juristische Personen können Geldstrafen verhängt werden, wenn Verstöße durch Personen begangen werden, die

- entweder allein oder
- als Teil eines Organs der juristischen Person gehandelt haben
- und eine Führungsposition innerhalb der juristischen Person aufgrund folgender Befugnisse haben:
  - Vertretungsbefugnis der juristischen Person oder
  - Entscheidungsbefugnis im Namen der juristischen Person oder
  - Kontrollbefugnis innerhalb der juristischen Person.

Geldstrafen gegen juristische Personen sind auch möglich, wenn

- mangelnde Überwachung oder
- Kontrolle durch
- eine Führungsposition innerhalb der juristischen Person (Vertretungsbefugnis, Entscheidungsbefugnis, Kontrollbefugnis)

die Begehung durch eine bei der juristischen Person beschäftigte Person ermöglicht hat.

Geldbußen für Verstöße gegen diese Verordnung sollen in jedem Einzelfall wirksam, verhältnismäßig und abschreckend sein.

Bei der Verhängung einer Geldbuße und der Entscheidung über deren Höhe sind mehrere Punkte zu berücksichtigen, wie z. B.

- Art, Schwere und Dauer des Verstoßes
- Zahl der von der Verarbeitung betroffenen Personen und das Ausmaß des von ihnen erlittenen Schadens
- Vorsätzlichkeit oder Fahrlässigkeit des Verstoßes
- vorgenommene Maßnahmen zur Schadensminderung
- Grad der Verantwortung des Verantwortlichen und des Auftragsverarbeiters unter Berücksichtigung der getroffenen technischen und organisatorischen Maßnahmen für die Datensicherheit
- etwaige einschlägige frühere Verstöße des Verantwortlichen oder Auftraggebers
- Umfang der Zusammenarbeit mit der Aufsichtsbehörde, um dem Verstoß abzuhelfen und seine möglichen nachteiligen Auswirkungen zu mindern
- Kategorien personenbezogener Daten, die vom Verstoß betroffen sind

- Umfang und Art der Meldung des Verstoßes an die Aufsichtsbehörde
- Einhaltung genehmigter Verhaltensregeln oder Zertifizierungsfahren
- durch den Verstoß erlangte Vorteile oder erlittene Verluste.

Bei bestimmten besonders schwerwiegenden Verstößen können Geldbußen von bis zu 20 Mio. EURO oder im Fall eines Unternehmens von bis zu 4 % seines gesamten weltweit erzielten Jahresumsatzes des vorangegangenen Geschäftsjahres verhängt werden (z. B. Verletzung der Betroffenenrechte). In sonstigen Fällen beträgt die Strafhöhe bis zu 10 Mio. EURO oder im Fall eines Unternehmens von bis zu 2 % seines gesamten weltweit erzielten Jahresumsatzes des vorangegangenen Geschäftsjahres (z. B. Verletzung der Datensicherheitsvorschriften). Wird gegen mehrere Bestimmungen der DSGVO verstoßen, so darf der Gesamtbetrag der Geldbuße nicht den Strafbetrag für den schwerwiegendsten Verstoß übersteigen.

14 Schnellübersichten

Schnellübersicht „DSGVO – Darauf kommt es an“

- Sie müssen Personen (z. B. Kunden) umfassend und proaktiv darüber unterrichten, dass deren personenbezogene Daten bei Ihnen verarbeitet werden.
- In Deutschland: Unternehmen, in denen mehr als neun Personen mit der Verarbeitung personenbezogener Daten beschäftigt sind, müssen einen Datenschutzbeauftragten benennen.
- Sie sind auskunftspflichtig, wenn ein Betroffener Einsicht in seine in Ihrem Unternehmen gespeicherten Daten nehmen will.
- Verstöße müssen unverzüglich und ohne unangemessene Verzögerung binnen 72 Stunden, nachdem die Verletzung bekannt wurde, gemeldet werden – auch dem Betroffenen selbst (dies hängt von der Tragweite der Datenpanne ab).
- Sie sind in der Pflicht, eine Datenschutz-Folgenabschätzung durchzuführen. Stellen Sie sich hier die folgenden Fragen: Wie risikoreich ist eine Datenverarbeitung in diesem oder jenem Fall hinsichtlich der Rechte des Betroffenen? Können wir gewährleisten, dass das Betroffenenrecht nicht verletzt wird?
- Sobald personenbezogene Daten nicht mehr benötigt werden, sind Sie verpflichtet, diese zu löschen (Recht auf „Vergessenwerden“).
- Verwenden Sie bei der Einholung von Einwilligungen keine datenschutzwidrigen Voreinstellungen. Der Betroffene muss selbst sein „Kreuzchen“ machen können.
- Sammeln Sie so wenig Daten wie möglich. Denken Sie an die Zweckbindung.
- Klassifizieren Sie Ihr Datenmaterial und verschaffen Sie sich einen Überblick, wo, wie und in welchem Umfang personenbezogene Daten gespeichert sind.

Schnellübersicht „Analyse des Ist-Zustandes und Ermittlung des Anpassungsbedarfs“

- Wurde für die Anpassung an die DSGVO unternehmensintern eine zuständige Person (intern/extern) benannt?
- Wurde für Anpassung an die DSGVO eine Zeit- und Budget-Planung für die Umsetzung erstellt?
- Welche Datenverarbeitungs-Anwendungen bestehen im Unternehmen und welche personenbezogenen Daten werden verarbeitet?
- Was sind die Zwecke meiner Datenverarbeitungen?
- Ist die Verarbeitung der personenbezogenen Daten zulässig?
- Was ist die Rechtsgrundlage der Datenverarbeitung?
- Liegen Einwilligungen der Betroffenen vor?
- Welche sensiblen Daten werden verarbeitet?
- Werden Kindern Dienste angeboten?
- Wie werden die Gebote der Datensparsamkeit, Datenrichtigkeit und Datensicherheit umgesetzt?
- Sind AGBs, Datenschutzerklärungen, Impressum, laufende Verträge, Webseiteneinstellungen im Sinne der DSGVO rechtmäßig?
- Wer hat im Unternehmen Zugriff auf personenbezogene Daten und warum?
- Was passiert mit aufzubewahrenden Daten?
- Gibt es für jede Verarbeitungstätigkeit Nachweise, um die Rechtmäßigkeit seiner Verarbeitung nachweisen zu können?
- Ist sichergestellt, dass die Meldung von Verletzungen des Schutzes personenbezogener Daten innerhalb von 72 Stunden nach Bekanntwerden an die Aufsichtsbehörde möglich ist?
- Gibt es ein Verfahren, um Anträgen von betroffenen Personen auf Auskunft zu den über sie gespeicherten Informationen nachkommen zu können?
- Wie stehen aktuelle Maßnahmen (Richtlinien, Prozesse, Dokumentationen) zum neuen Gesetz?
- Welche Maßnahmen zur Datensicherung gibt es bereits im Unternehmen?
- Verfügt das Unternehmen über einen betrieblichen Datenschutzbeauftragten?
- Wie werden Daten DSGVO-konform gelöscht und der Löschvorgang korrekt protokolliert?
- Wurden Mitarbeiter und Lieferanten darüber informiert, wie sie mit datenschutzrechtlich relevanten Informationen im Rahmen der DSGVO umgehen?

- Sind die Einwilligungserklärungen für Kunden an die Anforderungen der DSGVO bereits angepasst worden?
- Gibt es für jede Verarbeitungstätigkeit Nachweise, um die Rechtmäßigkeit seiner Verarbeitung nachweisen zu können?

Schnellübersicht „Checkliste für technisch-organisatorische Maßnahmen“

Diese technisch-organisatorischen Maßnahmen im Sinne der DSGVO sind aus der Risikosituation abzuleiten und im besten Fall in Verbindung mit einem Informationssicherheitsmanagementsystem (ISMS) nach ISO 27000 umzusetzen:

- Unbefugten den Zutritt zu Datenverarbeitungsanlagen, mit denen personenbezogene Daten verarbeitet oder genutzt werden, verwehren (Zutrittskontrolle)
- Verhindern, dass Datenverarbeitungssysteme von Unbefugten genutzt werden können (Zugangskontrolle)
- Sicherstellen, dass die zur Benutzung eines Datenverarbeitungssystems Berechtigten ausschließlich auf die ihrer Zugriffsberechtigung unterliegenden Daten zugreifen können, und dass personenbezogene Daten bei der Verarbeitung, Nutzung und nach der Speicherung nicht unbefugt gelesen, kopiert, verändert oder entfernt werden können (Zugriffskontrolle)
- Sicherstellen, dass personenbezogene Daten bei der elektronischen Übertragung oder während ihres Transports oder ihrer Speicherung auf Datenträger nicht unbefugt gelesen, kopiert, verändert oder entfernt werden können, und dass überprüft und festgestellt werden kann, an welche Stellen eine Übermittlung personenbezogener Daten durch Einrichtungen zur Datenübertragung vorgesehen ist (Weitergabekontrolle)
- Sicherstellen, dass nachträglich überprüft und festgestellt werden kann, ob und von wem personenbezogene Daten in Datenverarbeitungssysteme eingegeben, verändert oder entfernt worden sind (Eingabekontrolle)
- Sicherstellen, dass personenbezogene Daten, die im Auftrag verarbeitet werden, nur entsprechend den Weisungen des Auftraggebers verarbeitet werden können (Auftragskontrolle),
- Sicherstellen, dass personenbezogene Daten gegen zufällige Zerstörung oder Verlust geschützt sind (Verfügbarkeitskontrolle)
- Sicherstellen, dass zu unterschiedlichen Zwecken erhobene Daten getrennt verarbeitet werden können.

Schnellübersicht „Ermittlung des ‚Standes der Technik'"

Grundsätzlich werden 3 Technologiestände unterschieden:

Höchste Ebene: Stand von Wissenschaft und Technik

- fortschrittlichste Verfahren, Einrichtungen, Technologien nach Auffassung führender Experten

Gehobene Ebene: Stand der Technik

- fortschrittliche, u.U. bereits praxisbewährte Verfahren, Einrichtungen, Technologien nach herrschender Auffassung in Fachkreisen

Ausgangsebene: Allgemein anerkannte Regeln der Technik

- festgelegte (z.B. genormte) Anforderungen an Verfahren, Einrichtungen, Technologien

Schritte bei der Betrachtung von Verfahren, Einrichtungen, Technologien:

1. Sind die Verfahren, Einrichtungen, Technologien dokumentiert?
2. Gibt es Einsatzerfahrungen?
3. Wird auf Normen Bezug genommen?
4. Werden die Verfahren, Einrichtungen, Technologien in der Fachliteratur referenziert?
5. Wird der Einsatz von anerkannten Gremien oder Organisationen empfohlen?
6. Werden die Verfahren, Einrichtungen, Technologien regelmäßig überprüft und aktualisiert?
7. Gibt es für die Verfahren, Einrichtungen, Technologien Zertifizierungen?

Die DSGVO stellt auf Verfahren, Einrichtungen, Technologien gemäß der mittleren Ebene (Stand der Technik) ab.

Schnellübersicht „Datenschutzerklärung“

Mindestangaben:

- Kontaktdaten des Unternehmens als verantwortliche Stelle
- alle Zwecke, zu denen personenbezogene Daten verarbeitet werden
- Rechtsgrundlagen für die Datenverarbeitung
- Speicherfristen
- Katalog der Betroffenenrechte gemäß DSGVO
- Kontaktdaten der zuständigen Aufsichtsbehörde für Anfragen und Beschwerden

Einzelfallbezogene Informationspflichten in Abhängigkeit von den tatsächlichen Gegebenheiten:

- Kontaktdaten des Datenschutzbeauftragten, sofern einer bestellt ist
- berechtigte Interessen, die mit der Datenverarbeitung verfolgt werden
- Empfänger (Dritte), an die erhobene Daten übermittelt werden
- Absicht, die Daten ins Nicht-EU-Ausland zu übertragen, und der diesbezügliche Rechtsrahmen
- ggf. Verpflichtung zur Bereitstellung der Daten seitens des Betroffenen und Folgen der Nichtbereitstellung
- Einsatz von automatisierten Entscheidungsfindungen, wenn praktiziert
- Einsatz von Tools zur Webseitennutzungsanalyse und deren Funktionsweise bzw. Art der Datenerhebung und -verarbeitung
- Einsatz von Cookies und deren Art, Umfang und Zweck
- Social-Media-Applikationen und deren Art und Zweck, sowie die sich aus der Nutzung für den Betroffenen ergebenden technisch-rechtlichen Implikationen, z. B. Datenübermittlung an den Social Media Provider

HINWEIS

Diese Angaben sind nicht abschließend. Es gibt keine für alle Konstellationen einheitlich gültige oder anwendbare Datenschutzerklärung, sondern diese muss auf die tatsächlichen Verhältnisse angepasst sein. Die Erklärung muss in verständlicher Sprache, d. h. nicht in juristischem oder IT-Kauderwelsch verfasst sein und sollte eine sinnvolle Länge nicht überschreiten. Sofern auf längere Erläuterungen nicht verzichtet werden kann, bietet sich eine Kurzversion mit „anklickbaren" Textfenstern für nähere Ausführungen an.

Schnellübersicht „Betroffenenrechte“

Die Betroffenenrechte umfassen:

- Informationspflicht bei Erhebung von personenbezogenen Daten bei der betroffenen Person
- Informationspflicht, wenn die personenbezogenen Daten nicht bei der betroffenen Person erhoben wurden
- Auskunftsrecht
- Recht auf Berichtigung
- Recht auf Löschung („Recht auf Vergessenwerden“)
- Recht auf Einschränkung der Verarbeitung
- Recht auf Datenübertragbarkeit
- Widerspruchsrecht

Was hat die Auskunft zu umfassen?

- Kopien der Daten (E-Mails, Briefe, Auszüge aus Datenbanken), die konkret verarbeiteten Daten
- die Verarbeitungszwecke
- die Kategorien der Daten, die verarbeitet werden
- die Empfänger oder Kategorien von Empfängern, an die die Daten weitergegeben worden sind oder noch weitergegeben werden, speziell bei Empfängern in Drittländern oder bei internationalen Organisationen (einschließlich Auftragsverarbeiter), wenn möglich, die geplante Speicherfrist für die Daten oder, falls dies nicht möglich ist, die Kriterien für die Festlegung dieser Dauer
- alle verfügbaren Informationen über die Herkunft der Daten (falls die Daten nicht beim Betroffenen selbst erhoben worden sind)
- im Fall von Entscheidungen, die auf einer automatisierten Verarbeitung einschließlich Profiling beruhen und gegenüber der betroffenen Person rechtliche Wirkungen entfalten oder sie in ähnlicher Weise beeinträchtigen, Angaben zu der verwendeten Logik sowie zur Tragweite und zu den angestrebten Auswirkungen einer derartigen Verarbeitung
- bei internationalen Datentransfers: falls notwendig, die Grundlagen der geeigneten Garantien.

Schnellübersicht „Verarbeitungsverzeichnis“

HINWEIS

Diese Angaben sind nicht abschließend. Es gibt kein für alle Konstellationen einheitlich gültiges „Template“ eines Verarbeitungsverzeichnisses, sondern dieses muss auf die tatsächlichen Verhältnisse angepasst sein. In der Regel empfiehlt sich eine Tabelle mit Spaltenbezeichnungen entsprechend der nachstehenden Aufschlüsselung und Zeilen für jede Verarbeitungsart.

Der Verantwortliche hat ein Verzeichnis sämtlicher Verarbeitungstätigkeiten, die in seiner Zuständigkeit liegen, zu führen. Dieses Verzeichnis hat Folgendes zu enthalten:

- Namen und Kontaktdaten des bzw. der Verantwortlichen, des Vertreters des Verantwortlichen sowie eines etwaigen Datenschutzbeauftragten

sowie

- Kurzbeschreibung der Datenverarbeitung (z. B. Kundendatenverwaltung)
- Eingesetzte Art der IT (z. B. Fileserver)
- Name der Anwendung bzw. Software
- Zweckbestimmung
- Datenkategorien
- Beschreibung der Kategorien betroffener Personen und der Kategorien personenbezogener Daten (z. B. Kunden und Lieferanten; Rechnungsdaten, Adressdaten)
- Kategorien von Empfängern, gegenüber denen die personenbezogenen Daten offengelegt worden sind oder noch offengelegt werden (z. B. Sozialversicherung, Finanzamt, Rechtsanwalt, Steuerberater), einschließlich Empfänger in Drittländern oder internationalen Organisationen (z. B. Konzernmutter in USA)
- Rechtsgrundlage der Datenverarbeitung (z. B. Einwilligung, Vertrag, Rechtsvorschrift)
- gegebenenfalls Übermittlungen von personenbezogenen Daten an ein Drittland (z. B. USA) oder an eine internationale Organisation, einschließlich der Angaben des betreffenden Drittlands oder der betreffenden internationalen Organisation (u. U. ist auch die Dokumentierung geeigneter Garantien erforderlich)
- gegebenenfalls Auftragsverarbeiter
- die vorgesehenen Fristen für die Löschung der verschiedenen Datenkategorien
- zugriffsberechtigte Personen

- Aussage, ob eine Datenschutzfolgenabschätzung durchgeführt wurde und mit welchem Ergebnis (Klassifizierung des Risikos für den Betroffenen)
- allgemeine Beschreibung der technischen und organisatorischen Datensicherheitsmaßnahmen.

Schnellübersicht „Newsletter-Versand“

1 Rechtliche Maßgaben

Bei bestehender Geschäftsbeziehung:

Altkunden: Bisheriger Versand kann fortgesetzt werden, wenn im Rahmen der Zweckbestimmung des bisherigen Vertrags- oder vertragsähnlichen Verhältnisses bzw. der Geschäftsbeziehung nicht widersprochen wurde; eine nachträgliche Einwilligungseinholung ist gleichwohl empfehlenswert (wenn praktikabel)

Neukunden: Mit Einwilligung

- mit doppelter Bestätigung („Double opt-in“)
- Einwilligung darf nicht versteckt, voraktiviert oder an eine Leistungserbringung gekoppelt sein

Die Newsletter-Versendung muss regelmäßig erfolgen, andernfalls „erlischt“ die Einwilligung. Als regelmäßig sieht die bisherige Rechtsprechung mindestens ein- bis zweimal jährlich an.

Bei keiner bestehenden Geschäftsbeziehung:

- sofern keine ausdrückliche Einwilligung vorliegt, Betrachtung analog zu Direktmarketing, d. h. Interessenabwägung zwischen berechtigtem Interesse des Versenders und des Betroffenen
- Nachweis der vorgenommenen Interessenabwägung
- datenschutzrechtliche und wettbewerbsrechtliche Grauzone

2 Technische Maßgaben

Bei Newsletterfunktionalität auf Webseite (Eintragungsmöglichkeit)

- mit doppelter Bestätigung („Double opt-in“)
- Einwilligung darf nicht versteckt, voraktiviert oder an eine Leistungserbringung gekoppelt sein
- empfehlenswert: Protokollierung des Zeitpunktes

Bei Versand über Dienstleister, z. B. Web-Applikationen

- wenn Dienstleister in der EU ansässig, dann = Auftragsverarbeitung i. S. d. DSGVO
- wenn nicht in der EU ansässig, dann „EU-Standardvertrag“ notwendig
- wenn z. B. in den USA ansässig, dann „Privacy Shield“-Anwendung
- Abbestellmöglichkeit (Mailkontakt, Link)
- Tracking des Leseverhaltens (z. B. Tracking Pixel, die beim Öffnen nachgeladen werden) nur mit vorheriger Einwilligung

- Problem: einige Newsletter-Programme haben Tracking zunächst aktiviert und es muss vom Versender deaktiviert werden, manche Programme ermöglichen keine Deaktivierung
- die Newsletter-Funktionalität muss mit einem Sicherheitszertifikat gesichert sein

Schnellübersicht: DSGVO auf Englisch kurz erklärt

EU General Data Protection Regulation (GDPR) in brief

▶ What is GDPR?

The GDPR is a new set of regulations designed to replace the EU's original data protection guidelines. Essentially GDPR means the way companies process individuals' private data has changed. Consent is everything – cold calling, blind emailing, and generally using data without permission, is a thing of the past.

▶ What is considered personal data under GDPR?

Personal data is any information related to a person that be used to identify them directly or indirectly. This covers everything from names, email addresses, phone numbers, and photos. Under GDPR, even things like social media posts, event photo badges, and business cards are deemed personal data.

▶ What are the GDPR regulations?

At a basic level, everyone involved in data handling, shall be aware of the following GDPR features:

Individuals are given extended powers over the data you retain about them under the new rules. They have an automatic right to be forgotten, so your company must have processes in place to permanently delete all of an individual's records from their systems. Individuals can also request a copy of their data, so you need to develop a way to gather and export this data to present to users in a clear, simple format.

- **Consent** – Any business that is going to store and use a person's data has to ask for that individual's consent. They need to explain what they are going to do with the data, how long they plan to keep it, and document the process. You shall ask for a person's permission to use their data. Data may not be used outside of its intended use either.

While consent is required in many cases to process personal information, it can be bypassed if there is a "lawful basis" for the processing activity. This information should be noted and included in your privacy notice. Local authorities processing council tax information, banks sharing data for fraud protection purposes, insurance companies processing claims information – for each of these, there is a different lawful basis for processing personal information that is not consent.

Consent is not required for all forms of direct marketing, either – letters can be sent and phone calls made to numbers not registered with the telephone preference service, provided they fall under a "legitimate interest" condition. However, people will still need to be given the opportunity to opt out of this type of contact. And a legitimate interest shall not override the rights of the individual.

GDPR clarifies that pre-ticked opt-in boxes are not indications of valid consent, so these will need to be removed from your business. You also have to make it easy for people to withdraw consent, and use clear and plain language when explaining consent.

Firms need parental consent to process children's data. A child is classed as anyone under 16, but member states can lower this to 13.

- **Right to access** – Individuals will be able to submit Subject Access Requests requesting all the data a company has on them. Businesses must be able to provide electronic copies of the data, explain how it is stored, and what the company uses it for.

- **Data portability** – This is connected to an individual's right to access, a person can also obtain and reuse their personal data for their own purposes across different service. Businesses will subsequently have to provide the requested data in an appropriate format.

- **Right to be forgotten** – Individuals also have a right to be forgotten; able to request any company holding their data delete it and not share it with any third parties.

- **Mandatory breach notifications** – Should any data breaches occur, businesses will have to inform the supervisory authority within 72 hours of first identifying the issue.

You have 72 hours to report a breach – where feasible. Personal data breaches need to be reported to the relevant data protection authority. Individuals will also need to be notified if there is a high risk their data has been breached. However, if the breach "is unlikely to result in a risk to the rights and freedoms" of people, the reporting element is not required.

- **Penalties** – Fines for failing to comply with GDPR can be up to four percent of a business' global annual turnover or up to € 20 million.

▶ My business is not in the EU – does GDPR still affect me?

Yes. If you're working with any EU citizen's data, then GDPR still applies. It doesn't matter where your company is located, even outside of Europe.

The GDPR restricts the transfer of personal data to countries outside the European Economic Area (EEA) that are deemed by the EU to not provide an adequate level of protection, such as the US. Make sure any international data-sharing is covered under agreed rules, such as the EU – US Privacy Shield.

▶ Do we need a Data Protection Officer?

The role of Data Protection Officer (DPO) becomes "mandatory" under GDPR. DPOs are only a pre-requisite at public authorities, and businesses where data processing and monitoring are done on a large scale. National data protection law can impose additional requirements. E.g. under German law the appointment of a DPO is mandatory for companies with more than 9 employees dealing with personal data processing.

The GDPR states that the DPO must not be conflicted by having a dual role of governing data protection while also defining how data is managed. In practical terms, this means that an IT manager, IT director, CTO or security manager are not the best choices for your DPO. The marketing manager might also have a conflict of interest, while sensible options could be your head of finance, risk or legal. Your DPO doesn't need to be someone within the organisation, and so it could be easier to appoint a lawyer or external expert.

▶ What means "privacy by design"?

Privacy must be by design in IT systems. Organisations should review their IT systems and procedures to check they comply with GDPR requirements for privacy by design, ensuring only the minimum amount of personal data necessary is processed. Privacy Impact Assessments should be completed when using new technologies and the data processing is likely to result in a high risk to individuals.

▶ How can I get ready for GDPR?

- **Map your data** – Companies should map where all of the personal data they receive/collect comes from, and document what they're doing with it. Show where data is stored, who can access it, and see if there are any security risks.

- **Realise which data you need to keep/need** – GDPR encourages companies to really think hard about what data they need.

- **Change your documentations** – Anything materials like contact forms need to explicitly detail what data you want, where/how you plan to use it, and options for individuals to give their permission for you to use their data.

15 Quellen- und Literaturhinweise

EU

EU-Datenschutz-Grundverordnung:
c/o http://eur-lex.europa.eu

Deutschland

Bundesdatenschutzgesetz Neu
c/o https://www.bgbl.de

Bundesbeauftragte für den Datenschutz und die Informationsfreiheit
https://www.bfdi.bund.de/

„DS-GVO/BDSG"
Schwartmann/Jaspers/Müthlein, RDV 4/2017 (Sonderveröffentlichung)
Datakontext, 2017

Datenschutz-Grundverordnung mit Bundesdatenschutzgesetz
Schwartmann/Jaspers/Thüsing/Kugelmann
C.F. Müller, 2018

TeleTrusT – Bundesverband IT-Sicherheit e.V.
„IT-Sicherheitsgesetz und DSGVO": https://www.teletrust.de/veranstaltungen/it-sicherheitsgesetz-und-dsgvo/
„Stand der Technik": https://www.teletrust.de/publikationen/broschueren/stand-der-technik/

Berufsverband der Datenschutzbeauftragten Deutschlands (BvD) e.V.
www.bvd.net.de

„Unterschreiten des Stands der Technik in der IT-Sicherheit"
Bartels, ‹kes› 5/2017

„Neue Anforderungen zum technischen Datenschutz nach der DSGVO"
Bartels/Backer, BvD-News, 1/2017

„Der Stand der Technik in der IT-Sicherheit – komplexe technische und rechtliche Anforderungen"
Bartels/Backer, iX 7/2017

„Outsourcing nach neuem Datenschutzrecht – Auftragsdatenverarbeitung jetzt nach künftiger EU-DSGVO vereinbaren"
Bartels/Schramm:, ‹kes› 1/2016

Österreich

Datenschutzanpassungsgesetz
c/o https://www.ris.bka.gv.at

Datenschutzbehörde (dsb)
https://www.dsb.gv.at

Wirtschaftskammer Österreich (WKO)
https://www.wko.at/

„EU-Datenschutz-Grundverordnung (EU-DSGVO)"
Beham/Hübelbauer (Hrsg.)
Austrian Standards, 2017